Herausgegeben von oekom e.V. – Verein für ökologische Kommunikation

Dieses Buch wurde klimaneutral hergestellt.
CO_2-Emissionen vermeiden, reduzieren, kompensieren –nach diesem Grundsatz handelt der oekom verlag.
Unvermeidbare Emissionen kompensiert der Verlag durch Investitionen in ein Gold-Standard-Projekt.
Mehr Informationen finden Sie unter: www.oekom.de/nachhaltiger-verlag

Bibliografische Information der Deutschen Nationalbibliothek: Die Deutsche Nationalbibliothek verzeichnet diese Publikation in der Deutschen Nationalbibliografie; detaillierte bibliografische Daten sind im Internet über http://dnb.d-nb.de abrufbar.

© 2022 oekom, München
oekom verlag, Gesellschaft für ökologische Kommunikation mbH
Waltherstraße 29, 80337 München

Umschlaggestaltung, Layout und Satz: Lone Birger Nielsen
Lektorat: Anke Oxenfarth, Marion Busch

Druck: Westermann Druck Zwickau GmbH
Gedruckt auf FSC®-zertifiziertem Papier (außen: Circleoffset White; innen: Circleoffset White), zertifiziert mit dem Blauen Engel (RAL-UZ 14)

ISBN: 978-3-96238-371-8

oekom e.V. – Verein für ökologische
Kommunikation (Hrsg.)

Wandlungsfähig

Das Potenzial transformativer Umweltpolitik

Mitherausgegeben vom
Sachverständigenrat für Umweltfragen

In eigener Sache

Die Papierkriterien des Blauen Engel Druckerzeugnisse erfüllt die Ausstattung der *politischen ökologie* schon sehr lange. Nun ist auch der Wechsel zu einer mit diesem Umweltzeichen zertifizierten Druckerei gelungen. Deshalb trägt die Reihe ab dieser Ausgabe das strengste Siegel für umweltschonende Druckprodukte. An der Entstehung des Umweltzeichens war der oekom verlag federführend beteiligt (vgl. www.nachhaltig-publizieren.de).

www.blauer-engel.de/uz195
· ressourcenschonend und umweltfreundlich hergestellt
· emissionsarm gedruckt
· überwiegend aus Altpapier

Dieses Druckprodukt ist mit dem Blauen Engel ausgezeichnet

politische ökologie   **Die Reihe für alle, die weiter denken**

Die Welt steht vor enormen ökologischen und sozialen Herausforderungen. Um sie zu bewältigen, braucht es den Mut, ausgetretene Denkpfade zu verlassen, unliebsame Wahrheiten auszusprechen und unorthodoxe Lösungen zu skizzieren. Genau das tut die *politische ökologie* mit einer Mischung aus Leidenschaft, Sachverstand und Hartnäckigkeit.

Die *politische ökologie* schwimmt gegen den geistigen Strom und spürt Themen auf, die oft erst morgen die gesellschaftliche Debatte beherrschen. Die vielfältigen Zugänge eröffnen immer wieder neue Räume für das Nachdenken über eine Gesellschaft, die Zukunft hat.

Herausgegeben wird die *politische ökologie* vom
oekom e.V. – Verein für ökologische Kommunikation.

P olitik sei das Bohren von dicken Brettern mit Leidenschaft und Augenmaß, hat der Soziologe Max Weber ausgeführt. Die Bretter der Umweltpolitik sind besonders dick, weil sie es mit sehr komplexen und gleichzeitig immer drängenderen Problemlagen zu tun hat, die viele verschiedene Politikfelder und Lebensbereiche tangieren: Fortschreitender Klimawandel, massiver Artenverlust und zunehmende Ressourcenknappheit verstärken sich gegenseitig und haben auch erhebliche soziale und ökonomische Auswirkungen. Daher erscheint die stark sektorale Herangehensweise der Vergangenheit nicht mehr zeitgemäß, um den Herausforderungen des 21. Jahrhunderts in der gebotenen Dringlichkeit zu begegnen.

Gleichzeitig werden Gedankengebäude wie die Mär vom ewigen Wachstum oder die Idee, jedes Problem mit technischem Fortschritt lösen zu können, brüchiger. Fest steht: In Zeiten des Wandels brauchen wir nicht mehr vom Gleichen, sondern neue, von der Politik bewusst gesetzte Rahmenbedingungen, die Leben und Wirtschaften innerhalb der planetaren Grenzen ermöglichen und zum Umdenken und Anpacken motivieren. Für die praktische Umsetzung ist daneben eine konstruktive Zusammenarbeit von Politik, Wissenschaft, Wirtschaft und Zivilgesellschaft essenziell.

Die Autor(inn)en der *politischen ökologie* skizzieren die Konturen einer transformativen Umweltpolitik und loten deren Potenziale aus. Dafür beschäftigen sie sich anlässlich des 50-jährigen Bestehens des Sachverständigenrats für Umweltfragen auch damit, welche Rolle wissenschaftliche Politikberatung in der Vergangenheit gespielt hat und welche sie künftig spielen sollte. Dabei zeigt sich deutlich, dass wir eigentlich schon die richtigen Bohrer zur Hand haben, sie jedoch noch nicht konsequent genug einsetzen. – Aber das lässt sich ja zum Glück ändern!

Anke Oxenfarth
oxenfarth@oekom.de

Inhaltsverzeichnis

Für die sehr gute Zusammenarbeit und die
finanzielle Unterstützung danken wir dem
Sachverständigenrat für Umweltfragen

„Diejenigen, die das Privileg haben, zu wissen,
haben die Pflicht, zu handeln."

Albert Einstein (1879-1955)

Fehlende Governance für globale Herausforderungen

„Globale Herausforderungen verlangen nach globalen Lösungen. Es gibt aber bisher keinen globalen Ordnungsrahmen, innerhalb dessen diese Herausforderungen wirksam angegangen werden könnten. Dafür gibt es mehrere Gründe: die bestehenden Strukturen und Institutionen sind entweder nicht hinreichend wirksam – weil sie zum Beispiel nicht von allen Staaten anerkannt, respektiert und unterstützt werden –, sie spiegeln nicht die heutigen globalen Machtverhältnisse wider, sie haben mit Demokratiedefiziten und internen Problemen zu tun (z. B. Bürokratie und Vetternwirtschaft), ihre Mandate und Agenden sind nicht untereinander abgestimmt (z. B. WTO und UNDP oder UNEP), es fehlt ihnen schlicht an der Möglichkeit, die vereinbarten Übereinkünfte auch wirksam umzusetzen oder sie sind angesichts der sich rasch ändernden Welt zu schwerfällig, neue Themen und Herausforderungen zu behandeln."

– Quelle: Berg, C. (2020): Ist Nachhaltigkeit utopisch? Wie wir Barrieren überwinden und zukunftsfähig handeln. München 2020, S. 191.

Eher stark bewölkt als sonnig

Im Herbst 2015 haben die 193 Mitgliedsstaaten der Vereinten Nationen 17 globale Ziele für eine nachhaltige Entwicklung (Sustainable Development Goals, SDGs) definiert, um bis 2030 wichtige Bereiche des menschlichen Zusammenlebens auf einen guten Weg zu lenken. Seit 2016 orientiert sich auch die Deutsche Nachhaltigkeitsstrategie an den SDGs. Das Statistische Bundesamt hat die Trends bei den Umweltindikatoren mit Blick auf die Agenda 2030 bewertet.

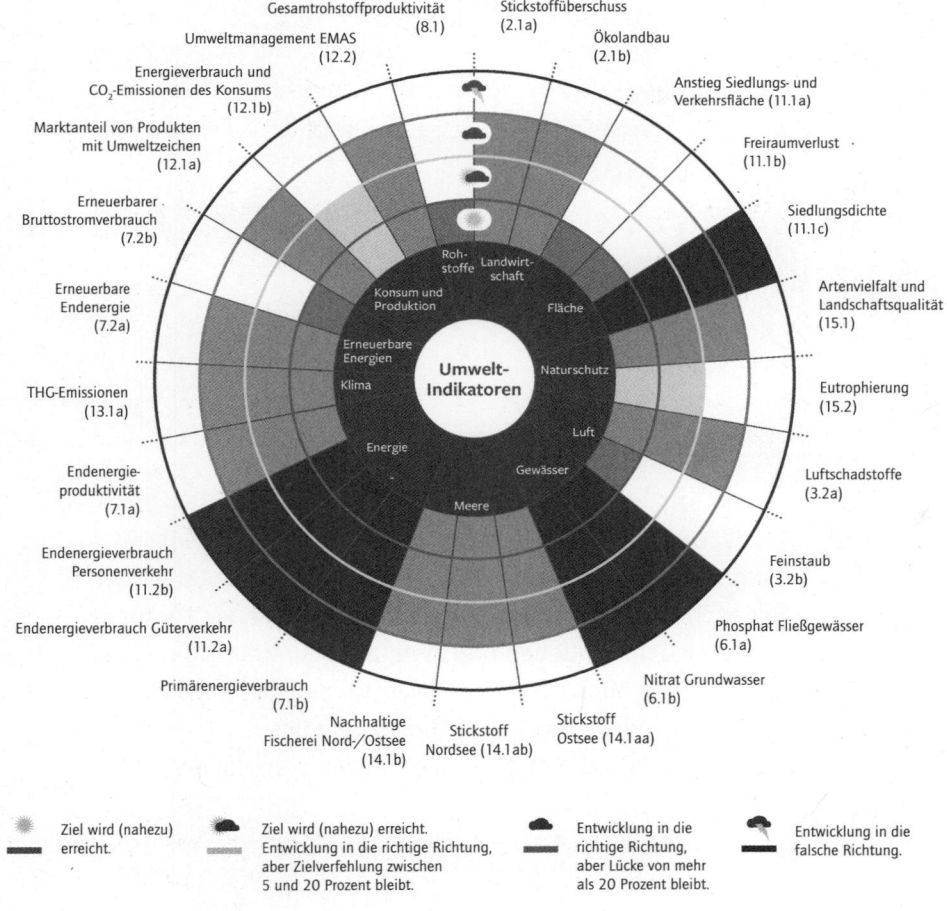

_ Quelle: Sachverständigenrat für Umweltfragen (2019): Demokratisch regieren in ökologischen Grenzen – Zur Legitimation von Umweltpolitik, Sondergutachten, S. 18.

Krise ist das Normale

„Krisen schütteln die Geopolitik und den Welthandel, sie betreffen die pandemische Unsicherheit digitaler Infrastrukturen, die Erderwärmung, die Ausrottung seltener Arten, die Wilderei und Naturzerstörung durch illegalen Rohstoffabbau. Dazu kommen die Megakrisen mit entgrenzten Folgen wie zum Beispiel die Wasserkrise des vietnamesischen Mekong oder die Heuschrecken Ostafrikas. Krise ist das Normale. Wir gewöhnen uns an sie wie an eine Dauerwerbesendung im Fernsehen. Krise nimmt uns gefangen. Aber Krisen beschleunigen auch Einsichten in Alternativen."

_ Quelle: Bachmann, G.: Die Stunde der Politik. Ein Essay über Nachhaltigkeit, Utopien und Gestaltungsspielräume. München 2020, S. 16.

Planetare Politik

„Das Politische muss also immer wieder neu erfunden werden – von immer neuen sozialen Gruppen, die bislang untätig oder ausgeschlossen waren; unter Einbeziehung neuer Themen, die bislang unbeachtet blieben und nicht als politikfähig gegolten haben; aber eben auch in seiner Gesamtdimension – als Politik zur Erhaltung und förderlichen Gestaltung des menschlichen Lebens auf dem Planeten Erde, planetare Politik."

_ Quelle: Wintersteiner, W.: Die Welt neu denken lernen. Plädoyer für eine planetare Politik. Lehren aus Corona und anderen existentiellen Krisen. Bielefeld 2021, S. 84.

Sieben Säulen der Transformation

1 Moderne Konzepte und Maßzahlen
des Wohlstands einführen

1 Zählen, was zählt
2 Ziele setzen
3 Entscheidungsprozesse anpassen
4 Verständnis schaffen

2 Beitrag von Unternehmen
ganzheitlich erfassen und belohnen

5 Stranded Assets vermeiden
6 Langfristdenken belohnen
7 Transparenz schaffen

3 Märkte für nachhaltiges Handeln
schaffen

8 Anreizstrukturen anpassen
9 Märkte schaffen
10 Risiken teilen
11 Guten Wettbewerb ermöglichen

4 Finanzsektor zum Beschleuniger
der Transformation machen

12 Wissenschaftsbasierte Standards etablieren
13 Finanzen mobilisieren
14 Kompetenzen schaffen
15 Internationale Finanzierung neu ausrichten

5 Deutschland als Anführer der
Industriewende positionieren

16 Ressourcenverbrauch limitieren
17 Zirkularität zum Geschäftsmodell machen
18 Produkt- in Leistungsökonomie wandeln

6 Staat zukunftsorientiert und
handlungsfähig machen

19 Wissenschaftsbasierte Politik
zulassen
20 Innovation fördern
21 Internationale Fairness sicherstellen

7 Gesamtgesellschaftliche
Lösungsprozesse etablieren

22 Bürger*innen beteiligen
23 Kosten fair verteilen
24 Erträge teilen
25 Verlierer zu Gewinnern machen

_ Quelle: www.zukunftsweisen.de/der-kompass. Eigene Darstellung.

50 Jahre Umweltpolitikberatung in Deutschland

Die richtigen Fragen stellen

Als die Umweltprobleme sichtbarer und komplexer wurden, fing die Politik an, systematischer auf unabhängigen wissenschaftlichen Sachverstand zurückzugreifen. Externe Expertise lässt sich immer dann erfolgreich nutzen, wenn sich Wissenschaft, Umweltbewegung und Politik gemeinsam den Herausforderungen stellen. Eine historische Spurensuche.

Von Joachim Radkau und Anna-Katharina Wöbse

Vor gut 50 Jahren, im Oktober 1971, übersandte Bundeskanzler Willy Brandt dem Bundespräsidenten Gustav Heinemann ganz offiziell das „Umweltprogramm der Bundesregierung". In dem Text entfaltete sich, was die sozialliberale Regierung angesichts der besorgniserregenden Umweltsituation zu tun gedachte. Das Programm, unter der Federführung des Innenministers Hans-Friedrich Genscher entwickelt, war sowohl Bestandsaufnahme des Status quo der Umweltproblematik als auch Planung künftigen politischen Handelns. Es ist ein bemerkenswertes Dokument, mit Zielstrebigkeit und Verve im Ton, das an die Beteiligung der Bürgerinnen und Bürger appellierte, Planungsprozesse konkretisierte und den dringenden Bedarf der Politik an wissenschaftlicher Umweltberatung formulierte. Ein Gremium unabhängiger Expertise wurde benötigt: Das wurde der SRU, der Sachverständigenrat für Umweltfragen. Die Politik diktierte sich die Institutionalisierung und Verstetigung der externen Beratung ins eigene Programm.

Der Bedarf dafür hatte sich schon seit geraumer Zeit abgezeichnet. Im Laufe der 1960er-Jahre erwies sich das Mensch-Natur-Verhältnis als zunehmend problematisch und risikobehaftet. Alarmrufe meldeten eine Krisensituation, auf die die Politik in einer systematischen Art und Weise reagieren musste und auf die sie nur mangelhaft vorbereitet war. Als die US-amerikanische Biologin und Publizistin Rachel Carson 1962 ihr Buch „Silent Spring" („Der stumme Frühling") über die Langzeitfolgen des steigenden Pestizideinsatzes publizierte – die Geburtsstunde der US-amerikanischen Umweltbewegung – schien die Politik kalt erwischt zu werden. Dabei veröffentlichte Carson lediglich, was über Risiken eines unregulierten DDT-Gebrauchs von der Wissenschaft schon länger diskutiert worden war. Vor allem brachte sie die Resultate in eine allgemeinverständliche Erzählform über ökologische Zusammenhänge. Aber erst im Nachgang des Bucherfolgs konsultierte die US-Regierung sie als Expertin. Sie erhielt von ihr nicht nur eine Reihe von Empfehlungen für konkretes politisches Handeln bezüglich des Umgangs mit Pestiziden und Umweltproblemen, sondern auch die Aufforderung, Veränderungen umgehend einzuleiten – „es muss jetzt damit begonnen werden". (1)

Dräuende Krisen verlangten externe Unterstützung

Die Notwendigkeit auf wissenschaftlichen Sachverstand in Fragen des Mensch-Naturverhältnisses zuzugreifen, hatte sich auf internationaler Ebene schon länger angekündigt: Die Vereinten Nationen holten – anders als die meisten nationalstaatlichen Institutionen – bereits seit Beginn der 1960er-Jahre mit seismografischem Talent externe Beratung in komplexen Umweltfragen ein. Im September 1968 lud die Organisation der Vereinten Nationen für Bildung, Wissenschaft und Kultur (UNESCO) zur „Biosphären-Konferenz" ein, um international, interdisziplinär und wissenschaftsbasiert zu den drängenden umweltrelevanten Gesundheits- und Wirtschaftsfragen neue Standpunkte und Empfehlungen zu generieren und sie in eine künftige Umweltdiplomatie einzuspeisen. Für die Bewältigung der dräuenden Krisen brauchte man Expertise und Strategien, die die bisherigen politischen Infrastrukturen noch nicht vorhielten.

Aus der gärenden Mischung akuter Umweltprobleme mit der zivilgesellschaftlichen Emanzipationsbewegung der späten 1960er-Jahre entstand politischer Druck, der

„„ Die frühen 1970er-Jahre waren eine Zeit sich überschlagender Erkenntnisse über ökologische und gesellschaftliche Zusammenhänge und Verdichtungen des Umweltdiskurses. „„

sich im neuen Feld der Umweltpolitik Bahn brach. Doch als der eingangs erwähnte Sachverständigenrat im Mai 1972 als handverlesene Zusammenkunft von Professoren (der SRU sollte bis 1992 ausschließlich aus männlichen Mitgliedern bestehen) seine Arbeit aufnahm, drängten längst Mitspieler in die politische Arena, die der Debatte eine neue Schubkraft verliehen: Der Thinktank Club of Rome hatte kurz zuvor eine Studie zur Zukunft der Weltwirtschaft in Auftrag gegeben. Diese zum Teil auf Computersimulationen basierende Systemanalyse, die unter dem Titel „Limits of Growth" Furore machte, stellte von Grund auf infrage, ob angesichts eines exponentiellen Wirtschaftswachstums die Umweltkrise durch einzelne Eingriffe überhaupt lösbar sei. Aus einem Sachproblem wurde ein Systemproblem der Wachstumsgesellschaft. Und das ging einher mit einer neuen Dynamik in der Kultur der Politikberatung. (2)

Die längste Zeit der Geschichte waren die Grenzen des Wachstums im Grunde eine Banalität und kein Bestsellerthema. Noch viele Nachkriegsdeutsche erlebten daher das anhaltende westdeutsche Wirtschaftswachstum staunend als „Wirtschaftswunder". Erst durch den Wachstumsrausch der 1960er-Jahre wurden die Grenzen des Wachstums zum Schock; was eigentlich schon simple Vernunft sagte, bedurfte jetzt der Autorität der Großcomputer des Massachusetts Institute of Technology (MIT). Aus heutiger Sicht eine Ironie der Geschichte: Die größte Gefährdung der Welt sollte daraus entstehen, dass die fossilen Energieressourcen weitaus größer waren, als die MIT-Experten damals errechneten.

Ein Synergieeffekt, der weltweit der Umweltpolitik einen kräftigen Schub gab, entstand aus dem zeitlichen Zusammentreffen der „Grenzen des Wachstums" mit der Stockholmer Umweltkonferenz der Vereinten Nationen von 1972. Diese Synergie bedeutete jedoch nicht unbedingt Gleichgesinntheit. Führender Kopf der Konferenz war der schwedische Ökonom Gunnar Myrdal, ein Vordenker der Friedensforschung und Entwicklungshilfe. Der stellte die pauschalisierende Tendenz der Grenzen des Wachstums infrage: „Sicher gibt es Grenzen, aber niemand weiß viel über sie." Er äußerte Skepsis gegenüber Globalformeln: „Das ganze Geschwätz über planetarische und globale Lösungen ist einfach Humbug." (4) Schon in den Anfängen der Umweltpolitik warf sein Einwand ein Schlaglicht darauf, dass die Frage einer wirksamen Bewältigung der großen Umweltprobleme immer wieder der Diskussion und Reflexion bedarf. Und dass man die Hoffnungen nicht allein auf globale Gipfelkonferenzen und Lösungen setzen sollte, sondern auch nationale und regionale Initiativen vonnöten sind, zumal sich nicht wenige Umweltprobleme von Region zu Region unterscheiden.

Früh erkannt, aber noch immer nicht gebannt

Die frühen 1970er-Jahre waren eine Zeit sich überschlagender Erkenntnisse über ökologische und gesellschaftliche Zusammenhänge und Verdichtungen des Umweltdiskurses. Der SRU reihte sich in eine ganze Reihe von neuen Körperschaften, die mit Expertise für Richtlinien und Handlungsempfehlungen für Klarheit sorgen sollten. (3) Er nahm umgehend einige der dringendsten Fragen der Zeit in Augenschein: Bereits am 31. August 1973 brachte der SRU als erste Stellungnahme das Sondergutachten „Auto und Umwelt" heraus, ohne Zweifel eines der heikelsten Umweltprobleme – und bis heute nicht gelöst. Sicher auch deshalb, weil sich die vom Individualverkehr verursachten Probleme unter den Bedingungen einer »freien Wirtschaft« nur begrenzt mit den Mitteln der Politik bewältigen lassen. Zumal wenn sie sich nicht traut, die Macht der Autolobby – die bis heute selbst eine Geschwindigkeitsbegrenzung auf Autobahnen zu blockieren vermocht hat – zu überwinden. Heute stellt der SRU fest, dass das vor fast fünfzig Jahren erstellte Gutachten „von ernüchternder Aktualität" sei.

Mit Blick auf die zentrale Bedeutung des Atomkonfliktes in der deutschen Geschichte der Umweltbewegung überrascht, dass das Thema Kernenergie in den SRU-Gutachten nur sporadisch erscheint – wurde es bereits außerhalb des SRU zur Genüge von Expert(inn)en diskutiert? In dem Sondergutachten „Energie und

Umwelt" vom 15. März 1981 macht der SRU dagegen „auf die Umweltgefahren des zu erwartenden verstärkten Einsatzes der Kohle aufmerksam". Also schon zu jener Zeit, als noch der Spruch umging: „Die nächste Eiszeit kommt bestimmt", begannen bereits die Warnungen vor der durch fossile Emissionen verursachten Klimaerwärmung. Der SRU diskutierte „angesichts der Kontroverse" noch die Pro- und Kontra-Argumente der Kernenergie – damals die einzige große Alternative zur Kohle. Dieses damalige Dilemma der ganz auf den Kampf gegen die Kernenergie konzentrierten Umweltaktivist(inn)en scheint noch der Erforschung zu bedürfen.

Offene Fragen angehen

Überhaupt entstehen eine ganze Reihe von spannenden Fragen, wenn man sich das Kapitel der frühen umweltbezogenen Politikberatung von Rachel Carson bis zu den „Grenzen des Wachstums" und zur Stockholmer Umweltkonferenz ansieht. Besonders die Erforschung des Zusammenspiels von Umweltproblemen, Umweltbewegung und der Umweltpolitik müsste noch genauer ausgeleuchtet werden, um die Bedeutung eines politischen Beratungsnetzwerkes, wie es sich im SRU ausgestaltete, würdigen zu können.

Die Medien haben sich oft zu einseitig auf die Sensationen fixiert: auf akute und spektakuläre Umweltkatastrophen und Demonstrationen, gipfelnd in der „Schlacht um Brokdorf". Vermutlich weitaus wichtiger waren und sind schleichende Umweltkrisen, wie sie sich in den 1980er-Jahren im Klimawandel abzuzeichnen begannen. Allerdings sind sie deutlich schwerer in ihrer weitreichenden und zukünftigen Dimension zu kommunizieren. Hier liegt sicher auch bis heute eine der größten Herausforderungen der politischen Umweltberatung: Wie gelangt man von der Diagnose der Fachleute zu einer breiter verfangenden Kommunikation und wie kommt man von einer detaillierten und höchst komplexen Analyse hin zu einer Fokussierung, die wesentlich ist für politische Entscheidungen? Dabei ist zu bedenken, dass der SRU ein Rat für Fragen ist. Schon bei seinem ersten umfassenden Gutachten stellten die Expert(inn)en fest, dass sie sich in einem fortdauernden Prozess zwischen Analyse, Strukturierung und Empfehlungen befänden. Bis heute ist also offen, inwieweit er auf diese Fragen zugleich definitive Antworten zu geben vermochte und vermag.

Noch ein weiteres Desiderat für ein tieferes historisches Verständnis der Umweltpolitikberatung erscheint: Die Sozialwissenschaften haben sich im Zeichen der Neuen Sozialen Bewegungen vor allem für die Umweltbewegungen interessiert. Dabei ist für die Auseinandersetzung mit den modernen Umweltproblemen von Anfang an die Wissenschaft von entscheidender Bedeutung gewesen. Selbst die bundesdeutsche Anti-Atomkraft-Bewegung, die international eine Spitzenstellung erlangte, entstand in den frühen 1970er-Jahren, wesentlich initiiert durch Holger Strohm, der US-amerikanische Insider-Informationen über nukleare Risiken nach Deutschland vermittelte. Gleichzeitig konnte Genschers »Braintruster« Peter Menke-Glückert, der Umweltpolitiken („environmental politics") von den USA nach Bonn transferierte, stolz verkünden: „Wir haben die Umweltbewegung erfunden!" Wesentlich war am Ende das Zusammenspiel von Wissenschaft, Bewegung und Politik.

„ Wie kommt man von einer detaillierten und höchst komplexen Analyse hin zu einer Fokussierung, die wesentlich ist für politische Entscheidungen? "

Bei aller Vielzahl der Umweltprobleme, die auch in den SRU-Publikationen überreichlich dokumentiert sind, muss eine wirksame Umweltpolitik gleichwohl Prioritäten setzen. Die eingangs erwähnte Rachel Carson setzte einen Prozess in Gang, den sie selbst wegen ihres frühen Todes nicht mehr erlebte. Trotz der enormen Publicity des „Silent Spring" sollten bis zum Verbot von DDT in den USA noch zehn Jahre vergehen. Ein frühes Beispiel dafür, dass Expertise allein nicht reicht – die Beteiligten brauchen Geduld, um nicht den Mut zu verlieren. Allen mit Umweltpolitikberatung Befassten sei jedenfalls die Lektüre der Sammlung des Sachverstandes der vergangenen 50 Jahre dringend empfohlen (5): Sie könnte helfen, den Sinn für das erfolgreiche Zusammenspiel von Wissenschaft, Umweltbewegung und Politik deutlich zu schärfen. _____

Anmerkungen

(1) „A beginning must be made on it now", so Rachel Carson in der Befragung des Kongresses am 4. Juni 1963: Interagency coordination in environmental hazards (pesticides): Hearings before the Subcommittee on Reorganization and International Organizations of the Committee on Government Operations, US Senate, 88 Congress, 1st session.

(2) Dazu grundlegend: Hünemörder, K. F. (2004): Die Frühgeschichte der globalen Umweltkrise und die Formierung der deutschen Umweltpolitik (1950-1972). Wiesbaden.

(3) Zur Diversifizierung der Umweltpolitikberatung die hervorragende Materialsammlung auf https://geschichte-umweltpolitikberatung.org

(4) Myrdal zit. nach Oltmans, W. L. (Hrsg.) (1974): „Die Grenzen des Wachstums" PRO UND CONTRA, Reinbek, S. 33.

(5) www.umweltrat.de

Wie lautet Ihr persönlicher Mutmacher für die Umweltpolitik der 2030er-Jahre?

a) Mir macht die Umweltgeschichte Mut. Gerade in der Öko-Ära seit 1970 findet sich eine Menge Ermutigendes.

b) Die jungen Frauen, die sich inzwischen Raum und Gehör in der Umweltpolitik verschaffen!

Zu den Autor(inn)en

a) Joachim Radkau lehrte als Professor für Neuere Geschichte von 1980 bis 2009 an der Universität Bielefeld mit den Schwerpunkten Technik- und Umweltgeschichte.

b) Anna-Katharina Wöbse ist Umwelthistorikerin, Kuratorin und wiss. Mitarbeiterin an der Universität Gießen. Sie forscht zur Geschichte des Mensch-Natur-Verhältnisses, insbes. zu Umweltdiplomatie.

Kontakt

Prof. Dr. em. Joachim Radkau
Universität Bielefeld
E-Mail joachim.radkau@uni-bielefeld.de

Dr. Anna-Katharina Wöbse
Universität Gießen
E-Mail anna.woebse@didaktik.bio.uni-giessen.de

WECHSELWIRKUNGEN

Ölpreisschocks, Reaktorunfälle, 9/11 – Umweltpolitik war und ist eng mit den Reaktionen auf Krisen und Katastrophen verflochten. Aber auch die Erkenntnisse der Wissenschaft haben erheblichen Einfluss auf die Gestaltung von Umweltpolitik. – Welche umweltpolitischen Strategien zur Krisenbewältigung sind Erfolg versprechend? Wie objektiv ist wissenschaftliche Politikberatung? Warum hinkt Deutschland bei der Umsetzung europäischer Umweltgesetze hinterher?

Umweltpolitik und Krise

Über ein ambivalentes Verhältnis

An ökologischen und sozialen Herausforderungen mangelt es im 21. Jahrhundert nicht. Um mehr Optionen für den Umgang mit gegenwärtigen und zukünftigen Krisenphänomenen zu haben, lohnt ein Blick in die Geschichte von Krisen, die Umweltpolitik maßgeblich beeinflusst haben.

Von Klaus Jacob und Annette Elisabeth Töller

———Haben Wirtschaftskrisen, Ernährungskrisen, Sicherheitskrisen, Gesundheitskrisen und die Klimakrise letztlich die gleiche Ursache und sind Ausdruck einer Endzeit des Kapitalismus? Oder leben wir in einer Zeit, in der immer neue Krisen um Aufmerksamkeit konkurrieren, das politische System vielleicht sogar Krisen für die eigene Legitimation benötigt? Dann wären Krisen vor allem konstruiert, sie konkurrieren miteinander. Um Politik zu verändern, sind Krisen geradezu erforderlich. Oder kann vielmehr die Umwelt- und Klimapolitik Krisenbewältigung in anderen Politikfeldern unterstützen und einen Beitrag zur Überwindung von Wirtschafts-, Gesundheits-, Migrationskrise leisten? Je nach Perspektive auf das Verhältnis von Krisen und Umweltpolitik wären die Schlussfolgerungen für Umweltpolitik, ihren Umgang mit und eine mögliche Vorbereitung auf Krisen sehr unterschiedlich. Wir verstehen unter Krise eine sich im Zeitverlauf verschärfende Verschlimmerung eines Zustandes, die von Mitgliedern einer Gemeinschaft als Bedrohung zentraler Gemeinschaftswerte oder -strukturen wahrgenommen wird. Krisen können von Katastrophen begleitet sein, im Unterschied zu diesen sind sie aber nicht einzelne

Ereignisse, sondern umfassen einen längeren Prozess. Krisen gehen mit der Erwartung einher, dass sie nach einer Erholungsphase auch wieder ein Ende finden. Krisen sind also perzeptionsabhängig. Das Aufrechterhalten oder Beenden einer Krise ist auch ein politischer Vorgang.

Kollateralgewinne für die Umweltpolitik

Krisen haben die Umweltpolitik in Deutschland von Beginn an begleitet und beeinflusst. Die Wirkrichtung ist dabei oft unklar. Der erste Schwung der Institutionalisierung von Umweltpolitik, der 1971 in der Verabschiedung eines umfassenden und durchaus anspruchsvollen Umweltprogramms mündete, wurde kurze Zeit danach durch die einsetzende wirtschaftliche Rezession ausgebremst. 1975, unter dem Eindruck der durch die Ölpreisschocks ausgelösten wirtschaftlichen Krise, behauptete der damalige Kanzler Helmut Schmidt, Umweltpolitik sei aus dem Ruder gelaufen, und stoppte oder verwässerte eine Reihe umweltpolitischer Vorhaben. Vonseiten des Kanzleramts hatte fortan die Vermeidung von Kosten Priorität – was auch zu Konflikten mit dem damaligen Koalitionspartner FDP führte, der für Umweltpolitik zuständig war. Aus Umweltsicht vorteilhaft wirkte die Krise immerhin auf die Energiepolitik. Mit dem Motiv, unabhängiger von Ölimporten zu werden, wurden ein zeitweiliges Tempolimit und sonntägliche Fahrverbote eingeführt, Energiesparkampagnen durchgeführt und Investitionen in die Erforschung und Entwicklung alternativer Energiequellen getätigt. Gerade diese Innovationsprogramme waren Jahre später grundlegend für die breite Nutzung erneuerbarer Energien. Allerdings hatten die Programme Energiesicherheit und nicht Umweltschutz zum Ziel. Daher wurden in der Bundesrepublik auch Atomkraft und Fusionsenergie gefördert und in der DDR die Nutzung von Braunkohle ausgebaut – mit dramatischen Folgen für Umwelt und Gesundheit.

Auch zwischenstaatliche Sicherheitskrisen bilden einen wesentlichen Rahmen für Umweltpolitik. Der Schutz globaler Umweltgüter war bis Anfang der 1990er-Jahre dem Ost-West-Konflikt untergeordnet. Zwar gab es 1972 eine erste internationale Umweltkonferenz in Stockholm. Diese war aber wenig effektiv, unter anderem weil die Konferenz von der Sowjetunion und weiteren Staaten des Warschauer Pakts boykottiert wurde. Die Nachfolgekonferenz fand 20 Jahre später in Rio de Janeiro unter völlig anderen Rahmenbedingungen statt: Die Sowjetunion war zerfallen, die Welt stand vor einem enormen Transformationsprozess. Nord-Süd-Konflikte wurden zumindest etwas abgemildert, indem das Konzept der Nachhaltigen Entwicklung explizit Umwelt und Entwicklung zusammendachte. Allerdings führte der Untergang des realen Sozialismus in der herrschenden Lesart auch zu einer Glorifizierung des realen Kapitalismus und verhinderte für lange Zeit, dass dieser kritisch hinterfragt wurde.

Wenngleich weniger offensichtlich, dürften die Anschläge auf das World Trade Center im September 2011 („9/11") und die darauf folgenden Invasionen der USA in Afghanistan und im Irak weitreichende Auswirkungen gehabt haben: Die arabische Welt wurde destabilisiert, der Kampf gegen den Terrorismus bestimmte weltweit die Agenda mit langen Nachwirkungen – man denke nur an den hastigen Abzug des westlichen Militärs aus Afghanistan im Sommer 2021 oder die anhaltenden Migrationsskrisen. Immer wieder gab es Versuche, Umwelt-, Klima- und Entwicklungsfragen für eine Stabilisierung der besonders betroffenen Länder zu thematisieren. Aber Sicherheitsfragen dominieren und verdrängen Umweltfragen auch regelmäßig von der Agenda.

Krisen und Katastrophen als Wendepunkte

Eine umgekehrte Wirkung geht von Umweltkrisen und Katastrophen aus. Stellvertretend sind hier die Reaktorunfälle von Tschernobyl und Fukushima zu nennen, die für die Ziele der Umweltpolitik gerahmt und produktiv genutzt werden konnten. Tschernobyl führte 1986 zur Gründung des Bundesumweltministeriums und damit zur Institutionalisierung von Umweltpolitik. Fukushima wurde Ausgangspunkt einer Energiewende, die den Atomausstieg, Effizienzprogramme und den Ausbau erneuerbarer Energien umfasste. Ein Blick auf andere Länder zeigt, dass die deutschen Entwicklungen als Wendepunkte von Umweltpolitik nicht selbstverständlich sind.

In der Finanz- und Wirtschaftskrise 2008/2009 wiederholte sich zunächst das Muster aus der Ölkrise: Die Aufmerksamkeit lag vor allem auf den wirtschaftlichen Problemen, anspruchsvolle Umweltpolitik galt vielen als Last, die man gerade nicht bewältigen konnte. Die konkreten Umweltschäden, etwa die CO_2-Emissionen, sanken infolge der Rezession, um danach umso stärker zu wachsen. Allerdings wurde

„ Krisen beeinflussen massiv die öffentliche Aufmerksamkeit und die Einschätzung, welches Problem vordringlich und wo politisches Handeln jetzt vorrangig sei.„

infolge dieser Krise eine moderate Kapitalismuskritik salonfähig, die permanentes Wachstum und partikulare Profite zulasten langfristiger Belange und des Gemeinwohls für problematisch erklärte.

Auch die Migrationskrise 2015/2016 führte dazu, dass Fragen der Zuwanderung und der Integration der Zugewanderten für mehrere Jahre im Mittelpunkt der öffentlichen Aufmerksamkeit standen und umwelt- und klimapolitische Fragen weitgehend an den Rand drängten. Die Coronapandemie ab 2020 führte erneut zu einer Thematisierung von Gesundheits- und Wirtschaftsfragen und einer Dethematisierung von Umweltfragen. Die Effekte auf die Umweltbelastung waren ambivalent, Lockdowns führten einerseits kurzfristig zur Emissionsreduktion bei Luftschadstoffen und Treibhausgasen, andererseits zu einer erheblichen Zunahme von Abfällen. Ob sich – etwa im Bereich der Mobilität – langfristige Effekte einstellen, ist noch unklar. Auch die Coronakrise führte zu grundlegender Ideologiekritik, wobei hier – angesichts der pandemiebedingt zusammenbrechenden globalen Lieferketten – eher die wirtschaftliche Globalisierung infrage gestellt wurde. In jedem Fall war es günstig, dass kurz vor der Gesundheitskrise in der EU mit dem Green Deal eine anspruchsvolle Agenda vorgestellt worden war, die dann (zusammen mit der Digitalisierungsagenda) die Grundlage zur Ausrichtung des 750 Milliarden Euro schweren Wiederaufbauprogramms, das von der EU aufgelegt wurde, bot.

Ist auch die Klimakrise eine Krise in dem oben skizzierten Sinne? Im Unterschied zu Wirtschafts-, Gesundheits-, Migrations- oder Sicherheitskrisen ist der Klimawandel ein ungleich langwierigerer Prozess. Damit Klima*wandel* zur Klima*krise* wird, bedurfte es der Thematisierung durch Fridays for Future und anderer sozialökologischer Bewegungen, der Wahrnehmung des Dürresommers 2018 mit zahlreichen Waldbränden, Ernteausfällen sowie Hitzetoten und nicht zuletzt der Flutkatastrophe im Sommer 2021. Selbst wenn Wetterereignisse im Einzelfall nicht dem Klimawandel zugerechnet werden können, werden ihre Häufung und Intensität – unterstützt von politischen Prozessen – als Resultat des Klimawandels gedeutet und als Bedrohung wahrgenommen.

Wie Krisen wirken können

Krisen können auf unterschiedlichen Ebenen wirken: Erstens beeinflussen Krisen massiv die öffentliche Aufmerksamkeit und die Einschätzung, welches Problem vordringlich und wo politisches Handeln jetzt vorrangig sei (Agendaeffekte). Dies wirkt, je nach Art der Krise, zu Ungunsten (so in der Migrationskrise oder der Coronakrise), manchmal aber auch zugunsten von Umweltproblemen und Umweltpolitik (Tschernobyl, Extremwetterereignisse). Da öffentliche Aufmerksamkeit für ein Problem in der Regel eine Voraussetzung für den Beschluss umweltpolitischer Maßnahmen darstellt, können Krisen die Chancen von Umweltpolitik reduzieren oder steigern.

Zweitens können Krisen reale Umweltprobleme reduzieren (z. B. Reduzierung der Emission von Treibhausgasen nach dem Zusammenbruch des Ostblocks, durch die Finanz- und Wirtschaftskrise oder die Pandemie), im Einzelfall aber auch steigern (Umwelteffekte). Damit entfällt eher kurzfristig ökologischer Handlungsdruck, zum Teil entsteht aber auch neuer Handlungsdruck (z. B. Regulierung des Versandhandels). Es ändert sich also der tatsächliche, aber auch der wahrgenommene Bedarf an Umweltpolitik. Zwischen den realen und den unten beschriebenen ideologischen Effekten bringen vor allem Krisen, die die Wirtschaft dämpfen, regelmäßig das Argument hervor, dass – anders, als die Vertreter(innen) der ökologischen Modernisierung annehmen – Ökologie und Ökonomie eben doch nicht vereinbar seien und man sich Umweltpolitik nun gerade nicht leisten könne (Finanz- und Wirtschaftskrise, aber auch schon Ölkrise). Alternativ können Krisen, die die Ökonomie betreffen, auch den De-facto-Verfall bestimmter Branchen und Geschäftsmodelle beschleunigen und damit ökologisch problematische Pfadabhängigkeiten reduzieren.

Drittens können Krisen verändern, wie wir über unsere Welt – etwa die Globalisierung, den Kapitalismus und den Neoliberalismus – denken (Ideologieeffekte). So diskreditierte der Zusammenbruch des Ostblocks Alternativen zum Kapitalismus, die Finanz- und Wirtschaftskrise sowie die Coronapandemie brachten diese neu ins Spiel. Gerade in der Finanz- und Wirtschaftskrise und in der Pandemie genießen staatliche Interventionen und Gemeinwohlansprüche an wirtschaftliches Handeln plötzlich neue Legitimität. Das bildet sich in dominanten Diskursen ab, geht aber unter Umständen sehr viel tiefer und kann für Umweltpolitik, die sich bisher unter die dominanten Paradigmen einpassen muss, wichtig sein. Offen ist, ob aus der Klimakrise ein neues Paradigma erwächst, das leitend für andere Diskurse ist.

Viertens kann das sehr stark situative politische Handeln in der Krise auch Gelegenheitsfenster hervorbringen, die eher unabsichtlich für umweltpolitische Themen wirken („Huckepackeffekte"), man denke an die Aufmerksamkeit für das Energiesparen in der Ölkrise oder die ökologische Ausrichtung von Konjunkturpaketen in der Finanz- und Wirtschafts- ebenso wie in der Coronakrise.

Und die Zukunft?

Der Blick in die Geschichte von Krisen und ihrer Bedeutung für Umweltpolitik lässt für die Zukunft eines sicher erscheinen: Auch in Zukunft wird es Krisen geben – wo und wie lässt sich aber nicht voraussagen. Umweltpolitik tut aber gut daran, sich auf mögliche Szenarien vorzubereiten, um dann zur Bearbeitung von Krisen eigenständige Angebote und Beiträge zu machen. Welche Krisen können das sein? Ein systematischer Blick würde soziale, technologische, ökonomische, ökologische und politische Faktoren sowie ihre Wechselwirkungen betrachten. In mittlerer Frist scheint es wahrscheinlich, dass Extremwetterereignisse häufiger werden, dass der weltweite Trend zu Autokratisierung ungebrochen bleibt und damit verbunden Konflikte zwischen Staaten virulenter werden. Krisen im Zusammenhang von Digitalisierung lassen sich schon erahnen, die absehbar massenhafte Nutzung künstlicher Intelligenz, autonomer Systeme oder digitaler Währungen wird mit neuen Risiken verbunden sein. Demografischer Wandel wird häufig als ein stetiger Prozess gesehen – aber die Auswirkungen auf soziale Sicherung können durchaus auch schockhaft sein, etwa wenn Vertrauen in Altersvorsorge verloren geht. Diese Treiber von Veränderung sind nicht unabhängig voneinander, sondern bedingen und verstärken sich wechselseitig. Umso wichtiger ist es, dass umweltpolitische

Strategieentwicklung auf Szenarien aufbaut, die alternative Zukünfte beschreiben. Wenn sich auch Zukunft nicht vorhersagen lässt, lassen sich solche Szenarien für die Entwicklung von Strategien nutzen, die auch in unterschiedlichen Zukünften wirksam wären.

Szenarien haben auch eine eigenständige koordinierende Wirkung: Geteilte Erwartungen zu möglichen Entwicklungen haben Relevanz für das Tun in der Gegenwart. Umweltpolitik kann und sollte dies systematisch für die eigenen Anliegen nutzen und die mobilisierende Kraft von Zukunftsbildern zum Teil ihrer Strategieentwicklung machen. Das würde bedeuten, dass Umweltpolitik stärker als bisher in alternativen Zukünften denken müsste und – um diese alternativen Zukünfte zu entwickeln – gesellschaftliche Akteure einbezieht. Das würde auch heißen, dass Umweltpolitik ihre Strategien gegenüber unterschiedlichen möglichen Zukünften einordnet und bewertet und dafür nicht zuletzt auch entsprechende Modelle nutzt.

Strategien zur Krisenbewältigung

Die nächste Krise kommt gewiss. Für die Umweltpolitik sehen wir vor allem drei Strategien:

1. Gegen die Verschiebung öffentlicher Aufmerksamkeit infolge von Wirtschafts- Gesundheits- oder Sicherheitskrisen, gegen das bekannte Argument, nun sei Umweltpolitik gerade nicht so wichtig und man könne sie sich aktuell auch nicht leisten, hilft vor allem eine starke Institutionalisierung der Umweltpolitik, denn Institutionen sind beständiger als die öffentliche Meinung. Man denke an die Mechanismen des neuen Klimaschutzgesetzes, das nicht nur die Ministerien für die Emissionsreduktionen in den Sektoren verantwortlich macht, sondern auch ein Verfahren einführt, mit dem Emissionen überwacht und gegebenenfalls weitere Klimaschutzmaßnahmen angeschoben werden. Weitere Ansätze könnten auf eine stärkere Institutionalisierung von Umweltanliegen im Kabinett abzielen, etwa durch ein Initiativrecht der Umwelt- und Klimaressorts auch außerhalb des eigenen Geschäftsbereichs für Fragen von herausgehobener umwelt- oder klimapolitischer Bedeutung, oder auf ein suspensives Vetorecht. Auch eine bessere Verankerung des Umwelt- und Klimaschutzes in der Verfassung (z. B. ein Grundrecht auf intakte Umwelt) geht in diese Richtung.

2. Krisen im Allgemeinen und Umweltkrisen im Besonderen sind immer auch Gelegenheitsfenster für umweltpolitische Maßnahmen. Eine politische Strategie stellt hier das Problem Surfing dar (1): Politische Maßnahmen, die schon lange sinnvoll, aber chancenlos waren, können nun als Lösung für genau dieses Problem angeboten werden. So lancierte das BMU den Neun-Punkte-Plan für bessere Luft in Städten und Ballungszentren im Kontext des Dieselskandals.

3. Krisen demonstrieren Veränderbarkeit und Veränderungsbedürftigkeit von Gesellschaft, Wirtschaft und Politik. Sie beeinflussen auch, wie wir über viele Dinge denken und was wir für richtig halten. Ob es um Sinn und Unsinn globaler Lieferketten, die Frage zukunftsfähiger Mobilitätskonzepte oder das dominante Wachstumsparadigma geht: Umweltpolitiker(innen) sollten Krisen auch nutzen, um diese Diskussionen anzustoßen und weiterzubringen. _____▬

Literatur

(1) Boscarino, J. (2009): Surfing for problems: Advocacy Groups Strategy in U.S. Forestry Policy. In: Policy Studies Journal 37/3, S. 415-434.

Wie lautet Ihr persönlicher Mutmacher für die Umweltpolitik der 2030er-Jahre?

a) Dass es die Kinder von Eliza (ein von J. Weizenbaum entwickeltes KI-Programm) besser machen.

b) Next generation!

Zu den Autor(inn)en

a) Klaus Jacob ist Politologe am Forschungszentrum für Umweltpolitik der FU Berlin. Er leitet die Forschungsgruppe Policy Assessment.

b) Annette Elisabeth Töller ist Professorin für Politikwissenschaft mit dem Schwerpunkt Politikfeldanalyse & Umweltpolitik an der FernUniversität in Hagen und Mitglied im Sachverständigenrat für Umweltfragen.

Kontakt

Dr. Klaus Jacob
Freie Universität Berlin
Forschungszentrum für Umweltpolitik (FFU)
E-Mail klaus.jacob@fu-berlin.de

Prof. Dr. Annette Elisabeth Töller
FernUniversität in Hagen
E-Mail annette.toeller@fernuni-hagen.de

Zum Verhältnis von deutscher und europäischer Umweltpolitik

Nicht alle Hausaufgaben gemacht

Die Bundesrepublik galt einst als umweltpolitischer Motor und Musterschülerin in der Europäischen Union. Inzwischen rangiert das Land bei Umsetzung europäischer Umweltgesetzgebung eher im Mittelfeld aller Mitgliedstaaten. Auch Vertragsverletzungsverfahren sind keine Seltenheit mehr.

Von Andrea Lenschow

▬▬▬Politikgestaltung und -umsetzung in der Europäischen Union (EU) ist durch ein Wechselspiel zwischen Mitgliedstaaten und den EU-Institutionen gekennzeichnet. So versucht jedes Land, eigene Positionen in den Verhandlungen im Rat der EU durchzusetzen und im Idealfall nationale Politik »hochzuladen«, nicht zuletzt um die Kosten der Implementtierung europäischer Politik gering zu halten. (1) Die Interaktion auf EU-Ebene und die Verpflichtung, europäische Entscheidungen auf nationaler Ebene zu respektieren und umzusetzen, führt dennoch auch zu einer Europäisierung nationaler Politik, wobei es zu Anpassungen nicht nur in substanzieller Politik, sondern ebenso von Strukturen und Prozessen kommen kann. (2) Für die Umweltpolitik ist dieser Zusammenhang besonders wichtig, da diese in höchstem Maße messbaren europäischen Einflüssen unterliegt. (3)

Deutschland wurde mit Bezug auf die EU-Umweltpolitik lange eine Führungsrolle zugesprochen. In den 1990er-Jahren galt das Land als Schrittmacher, der sich nicht nur durch ambitionierte nationale Umweltpolitik auszeichnete, sondern aktiv darum bemüht war, diese auf die EU-Ebene zu exportieren. (4) Die deutsche Um-

weltpolitik existiert seit rund 50 Jahren, beginnend mit dem ersten Umweltakti-
onsprogramm von 1971, das Prinzipien der Umweltpolitik wie das Vorsorge- und
das Verursacherprinzip formulierte (vgl. S. 16 ff.). Sie wurden auf die europäische
Ebene übernommen und mit der Europäischen Einheitsakte 1987 vertraglich insti-
tutionalisiert. Ausdruck eines neuen Problembewusstseins und somit Interesse an
wissenschaftlicher Beratung waren in Deutschland der 1972 einberufene Sachverständigenrat für Umweltfragen (SRU) mit seinen regelmäßigen allgemeinen und
thematischen Umweltgutachten sowie das 1974 etablierte Umweltbundesamt
(UBA), das als zentrale Umweltbehörde zunächst das Bundesinnenministerium und
seit 1987 das Umweltbundesministerium unterstützte.

Technologiezentrierte Umweltpolitik made in Germany

Deutsche Umweltpolitik gilt als überwiegend hierarchisch regulierend: basierend
auf rechtlich verbindlichen Ge- oder Verboten, deren Niveau zunächst oft das anderer Staaten übertraf. Mit seinem regulativen und auf technologische Innovation bauenden Ansatz konnte die Bundesrepublik anfangs auch die europäische
Umweltpolitik prägen. Dabei wurde sie oftmals unterstützt von der heimischen
exportorientierten Industrie, der an neuen Märkten oder an der Angleichung von
Produkt- und Produktionsstandards für alle europäischen Marktteilnehmer(innen)
gelegen war. Neben der Marktschaffung oder -angleichung speisten sich deutsche
Motive für eine aktive Europapolitik, aber auch aus der Wahrnehmung grenzüber-
schreitender Umweltrisiken und damit einhergehendem öffentlichem Druck. Ein
herausragendes frühes Beispiel dafür ist das Anfang der 1980er-Jahre breit diskutierte Waldsterben, das die deutsche Regierung und der verantwortliche Bun-
desinnenminister Zimmermann mit der Großfeuerungsanlagenverordnung (1982),
der Verschärfung der Technischen Anleitung Luft (1983) und der Einführung von
bleifreiem Benzin nicht nur zu nationalen, sondern infolge auch europäischen Hö-
henflügen in Bezug auf technologiezentrierte Umweltpolitik antrieb.
Obwohl Deutschland im Ländervergleich weiterhin eine führende Rolle einnimmt,
hat es seine Vorherrschaft in der EU doch in den 1990er-Jahren eingebüßt. Die politische Aufmerksamkeit konzentrierte sich auf die Bewältigung von Konjunkturkri-
se und Wiedervereinigung; Industrievertreter(innen) forderten zunehmend den Ab-

bau regulatorischer Kosten. In einem auch gesamteuropäisch antiregulatorischen Klima, konnte sich insbesondere Großbritannien mit neuen Akzenten in der Verfahrensregulierung (wie Umweltinformationsrechte, Umweltmanagement und Audits oder Folgenabschätzungen) und zugunsten flexiblerer Rahmengesetzgebung durchsetzen. Doch auch die Bundesrepublik diversifizierte ihr umweltpolitisches Instrumentarium, teilweise modellhaft für europäische Lösungen und teilweise im Gefolge anderer Staaten. So gilt das Umweltzeichen Blauer Engel als Inspiration für das EU Ecolabel.

> **„ Man wird auf EU- und Bundesebene die Grenzen einer primär technologischen Transformation erkennen müssen, will man dem Klimawandel und globalen Umweltschäden effektiv begegnen. "**

Umweltsteuern und finanzielle Anreize haben in Deutschland zwar eine lange Tradition (ausgehend von der 1976 eingeführten Abwassergebühr) und fanden Fürsprache seitens des SRU und des UBA. Eine umfassende ökologische Steuerreform scheitert bis heute jedoch daran, dass Deutschland aus Wettbewerbserwägungen eine EU-weite Lösung favorisiert und den Alleingang scheut. Ein Dilemma entsteht, weil Initiativen auf EU-Ebene aufgrund der bei Steuerfragen geforderten Einstimmigkeit im Rat in der Regel entgleisen und fiskalische Anreize auf nationaler Ebene die Klippe des europäischen Wettbewerbsrechts umschiffen müssen. So hat der Europäische Gerichtshof (EuGH) erst 2019 einen Beschluss der EU-Kommission zum im Jahr 2012 in Kraft getretenen deutschen Erneuerbare-Energien-Gesetz (EEG) für nichtig erklärt. Die Kommission hatte die Auffassung vertreten, dass die Förderung von Strom aus erneuerbaren Energien eine unzulässige Beihilfe aus staatlichen Mitteln darstellt. Ein weiteres an ökonomische Prinzipien angelehntes Instrument, das Emissionshandelssystem (ETS), wurde in Deutschland sowohl in Fachgremien, wo Ökosteuern favorisiert wurden, als auch seitens der Industrie, die auf freiwillige Vereinbarungen setzte, lange skeptisch gesehen. Es wurde auch zum Streitpunkt in der von 1998 bis 2005 regierenden rot-grünen Koalition. Das EU-ETS, das infolge der Ratifikation des Kyoto-Protokolls verhandelt wurde, hat Deutschland erst nach einer Phase des Widerstands unterstützt und implementiert. (5)

Mangelnde Umsetzung europäischer Umweltgesetze

Die zunehmend differenziert zu betrachtende Position Deutschlands als Vorreiter oder gar Motor der EU-Umweltpolitik lässt sich nicht nur beim Prozess des Hochladens nationaler Politik und der Unterstützung europäischer Lösungen erkennen, sondern auch in der Umsetzung von EU-Umweltpolitik, die – wie oben angemerkt – ganz überwiegend der Ursprung nationaler Maßnahmen ist. Deutschland rangiert hier schon seit Jahren nur im Mittelfeld aller Mitgliedstaaten und wird regelmäßig von der EU-Kommission im Rahmen von Vertragsverletzungsverfahren adressiert. (6) Zu Verurteilungen Deutschlands durch den EuGH wegen Verletzung von EU-Umweltrecht ist es in jüngster Zeit wegen langjähriger Überschreitung von Stickstoffdioxid-Luftreinhaltestandards in deutschen Städten gekommen (Urteil vom 03.06.2021, Rechtssache C-635/18). Da über Jahre zu wenig gegen Nitrate im Grundwasser unternommen wurde, erging am 21. Juni 2018 ein Urteil gegen Deutschland (Rechtssache C-543/16). Eine Folgeklage der EU-Kommission, die in Zwangsgeld münden könnte, ist anhängig. Damit sind zwei problematische Bereiche für den deutschen Umwelt- und Naturschutz herausgehoben: Verkehr und Landwirtschaft (vgl. S. 52 ff.). Doch auch defizitäre Informations- und Klagerechte für Bundesbürger(innen) und Umweltverbände standen schon im Fokus der europäischen Gerichtsbarkeit, zuletzt mit einem wichtigen Urteil, dass es Umweltverbänden und Individuen leichter machen wird, gegen Behördenentscheidungen zugunsten umweltbeeinträchtigender Großprojekte vorzugehen (Urteil vom 15.10.2015, Rechtssache C-137/14).

Im Klimaschutz genießt Deutschland allerdings weiterhin hohe Reputation. (7) Schon Klaus Töpfer engagierte sich als Umweltminister (1987-94) für die Verabschiedung der Klimarahmenkonvention der Vereinten Nationen und hat das weltweit erste Ökostromeinspeisegesetz (Vorläufer des EEG) initiiert. Mit der bereits 1998 begonnenen, aber erst 2011 nach dem Reaktorunfall in Fukushima explizit deklarierten, Energiewende und dem erklärten Ziel der fossil-nuklearen Transformation zugunsten erneuerbarer Energiequellen nimmt Deutschland innerhalb der EU eine – nicht unumstrittene – Pionierrolle ein.

Luft nach oben bei praktischer Umsetzung

Vergleichsweise geringere Fortschritte im Bau-, Verkehrs- und Landwirtschaftssektor sowie hohe gesamtgesellschaftliche Konsumptionsraten (vgl. S. 84 ff.) führen allerdings dazu, dass ehrgeizige Klimaziele dennoch verfehlt werden. Das 2019 verabschiedete Klimaschutzgesetz passt in dieses Bild: Zwar wurden ambitionierte Ziele formuliert, insbesondere in Nicht-Energie-Sektoren blieben sie aber Stückwerk. Insbesondere die Maßnahmen nach 2030 sind noch zu unkonkret. Eine Klage durch vor allem junge, von Umweltverbänden unterstützte Klimaschützer(innen) vor dem Bundesverfassungsgericht, der am 29. April 2021 teilweise stattgegeben wurde, führt nun allerdings nicht nur zu einem klaren Auftrag für die neu gewählte Ampelregierung, sondern verweist auch auf einen gesellschaftlichen Wandel, der alten konsensorientierten Strukturen mit der Industrie Grenzen aufzeigt.

Der 2019 von der neuen EU-Kommission unter Ursula von der Leyen ins Leben gerufene Green Deal mit dem Post-Covid-Aufbauplan „NextGenerationEU" für 2021 bis 2027 (8), der ein Drittel der Aufbaugelder an Umwelt- und Klimaschutzziele koppelt, wurde ein neues EU-Kapitel aufgeschlagen, das die bisher dominante Regulierungspolitik mit einem distributiven Ansatz ergänzt. Das auf technologische Transformation setzende EU-Förderprogramm passt zum klassischen deutschen Modernisierungsansatz in der Umweltpolitik und verspricht zudem einen Rahmen, der staatliche Beihilfen explizit legitimiert. In Deutschland wird wichtig sein, diese Gelegenheit auch außerhalb des Energiesektors zu nutzen und endlich in Problemsektoren wie Bau, Landwirtschaft und Verkehr nachzuziehen. Allerdings wird man auf EU- und Bundesebene auch die Grenzen einer primär technologischen Transformation erkennen müssen, will man dem Klimawandel und globalen Umweltschäden effektiv begegnen. ____ ■

Anmerkungen

(1) Héritier, A. et al. (1994): Die Veränderung von Staatlichkeit in Europa. Opladen.

(2) Knill, C. / Lenschow, A. (2001): Adjusting to EU Environmental Policy: Change and Persistence of Domestic Administrations. In: Caporaso, J. et al. (Hrsg.): Transforming Europe. Ithaca, NY, S. 16-36.

(3) Töller, A. E. (2008): Mythen und Methoden. Zur Messung der Europäisierung der Gesetzgebung des Deutschen Bundestages jenseits des 80%-Mythos. Zeitschrift für Parlamentsfragen (39), S. 3-17.

(4) Liefferink, D. / Andersen, M. S. (1998): Strategies of the "green" member states in EU environmental policy-making. In: Journal of European Public Policy (5/2), S. 254-270; Liefferink, D. et al. (2009): Leaders and laggards in environmental policy: a quantitative analysis of domestic policy outputs. In: Journal of European Public Policy (16), S. 677-700.

(5) Wurzel, R. et al. (2013): Environmental Governance in Europe. Cheltenham.

(6) https://ec.europa.eu/environment/legal/law/statistics.htm

(7) Jänicke, M. (2017): Germany: innovation and climate leadership. In: Wurzel, R. et al. (Hrsg.): The European Union in International Climate Change Politics. London, S. 138–154; Steuwer, S. / Hertin, J. (2021): Climate policy in Germany. Pioneering a complex transformation process. In: Wurzel, R. et al. (Hrsg.): Climate Governance across the Globe. London/New York, S. 160-181.

(8) https://europa.eu/next-generation-eu/index_de

Wie lautet Ihr persönlicher Mutmacher für die Umweltpolitik der 2030er-Jahre?

Die Ampel steht auf grün!

Zur Autorin

Andrea Lenschow ist Professorin für Europäische Integration und Politik an der Universität Osnabrück. Sie hat an der New York University zur Europäischen Umweltpolitik promoviert, ein Themenschwerpunkt, den sie auf ihren wissenschaftlichen Stationen in den Niederlanden, Italien und Österreich bis heute verfolgt.

Kontakt

Prof. Dr. phil. Andrea Lenschow
Universität Osnabrück
E-Mail andrea.lenschow@uni-osnabrueck.de

Wissenschaftliche Umweltpolitikberatung im 21. Jahrhundert

Expertise allein reicht nicht

Wissenschaftliche Politikberatung führt nicht automatisch zu besserer Politik. Nur mit einer klaren Rollentrennung zwischen Wissenschaft und Politik sowie innovativen Integrationsformen wie Reallaboren lassen sich solide Lösungen zur Bewältigung von Umweltproblemen finden.

Von Michael Böcher

▬▬▬Wichtige Umweltprobleme wie Artensterben oder der Klimawandel wurden zunächst wissenschaftlich erkannt und als Probleme definiert. So ist es kein Wunder, dass bereits mit der Entstehung der Umweltpolitik seit Ende der 1960er-Jahre wissenschaftliche Beratungsinstitutionen geschaffen wurden (vgl. S. 24 ff.). 1972 wurde der Sachverständigenrat für Umweltfragen (SRU) eingerichtet, der seitdem die Bundesregierung auf der Basis des aktuellen wissenschaftlichen Standes umweltpolitisch berät. In der wechselvollen Umweltpolitikgeschichte der vergangenen 50 Jahre ist eine Vielzahl neuer Akteure hinzugekommen, die auf unterschiedliche Weise wissenschaftliche Empfehlungen für die Umweltpolitik aussprechen (vgl. Tab. 1).

Politikberatung stellt den Akteur(inn)en des politischen Systems wissenschaftliche Erkenntnisse zur Verfügung, damit die Verantwortlichen politische Probleme sachgerecht lösen können. (1) Die Einrichtung von Beratungsgremien wie dem SRU folgte zunächst dem linearen Modell wissenschaftlicher Politikberatung. Hiernach münden wissenschaftliche Erkenntnisse unmittelbar in entsprechende politische Maßnahmen; mehr wissenschaftliche Beratung führt zu besserer Umweltpolitik. Die Politik richtete den Rat ein – der SRU lieferte: Gerade in der Anfangszeit führte die Arbeit der Sachverständigen zu umfangreichen Gutachten. Alle zwei, später vier Jahre übergab der Rat der Bundesregierung seine Expertisen, die eine Tour d'Horizon über aktuelle Umweltprobleme des jeweiligen Zeitraums darstellten, zuletzt 2020.

Das Ideal linearer Politikberatung wurde allerdings durch die Praxis erschüttert. Denn in der Umweltpolitik stießen wissenschaftliche Erkenntnisse und daraus abgeleitete Empfehlungen häufig auf taube Ohren: So wurden etwa Empfehlungen zur Einführung ökonomischer politischer Instrumente wie Ökosteuern lange ignoriert. Der SRU war hier sehr erfolgreich, weil er in den 1990er-Jahren maßgeblich dazu beitrug, dass solche Instrumente aus der umweltökonomischen Theorie breiter diskutiert und mit Einführung der ökologischen Steuerreform durch die rot-grüne Bundesregierung 1999 zumindest vom Konzept her politische Wirklichkeit wurden. Allerdings gehört es zur politischen Realität, dass solche Instru-

1 Beispiele für verschiedene Akteure der Umweltpolitikberatung

Beratungsakteure	Beispiel
Dauerhaft eingerichtete unabhängige Gremien	Sachverständigenrat für Umweltfragen (SRU)
Ressortforschungseinrichtungen	Umweltbundesamt (UBA)
Enquete-Kommissionen des Deutschen Bundestages	Schutz der Erdatmosphäre, 10. Legislaturperiode
Institute der Leibniz- oder Helmholtzgemeinschaft	Potsdam Institut für Klimafolgenforschung (PIK)
Universitäten	Forschungszentrum für Nachhaltigkeit der FU Berlin
Thinktanks	Öko-Institut Freiburg
Wissenschaftsakademien	Deutsche Akademie der Naturforscher Leopoldina

_Quelle: verändert nach Böcher, M. / Töller, A. E. (2019): Umweltpolitik in Deutschland, 2. Aufl., FernUniversität in Hagen, S. 162-163.

,, Damit eine Integration zwischen Wissenschaft und Politik gelingt, müssen wissenschaftliche Expertisen zeitnah dann übermittelt werden, wenn der politische Diskurs offen ist. "

mente aufgrund widerstrebender Interessen selten so konsequent umgesetzt werden, wie es die ökonomischen Theorien fordern. Einer der zentralen Kritikpunkte von Fridays for Future (und auch Scientists for Future) ist daher, dass die Politik klimapolitische Expert(inn)enempfehlungen nicht in aus ihrer Sicht wirkungsvolle Politik transformiert.

Politiker(innen) agieren anders, als wissenschaftliche Empfehlungen dies nahelegen würden: ein Umstand, der zentral für wissenschaftliche Umweltpolitikberatung ist und das Ideal einer linearen Umweltpolitikberatung fundamental infrage stellt. Oft sind es bereits die Voraussetzungen dieses Ideals, die nicht erfüllt werden können: Bei vielen umweltpolitischen Problemen gibt es unterschiedliche wissenschaftliche Problemsichten und daraus resultierende Lösungsvorschläge. Dies kommt unter anderem darin zum Ausdruck, dass verschiedene Beratungsgremien der Bundesregierung mitunter unterschiedliche Positionen vertreten, etwa zu Fragen der Energiepolitik. Außerdem kann wissenschaftliche Beratung umweltpolitische Entscheidungen nicht ersetzen. So existiert zwar ein wissenschaftlicher Konsens darüber, dass sich katastrophale Klimafolgen nur vermeiden lassen, wenn die Treibhausgasemissionen drastisch vermindert werden. Welche Maßnahmen jedoch wie viel dazu beitragen sollen und welche gesellschaftlichen Gruppen damit welche Kosten tragen müssen, erfordert vielfache normative Abwägungen und ist daher keine rein wissenschaftlich zu beantwortende Frage. „Hört auf die Wissenschaft", wie es Fridays for Future fordert, ist deshalb ein zu einfacher Slogan. Denn es gibt eben nicht die eine Wissenschaft. Politische Abwägungen, etwa hinsichtlich einer Balance zwischen Naturschutz auf der einen und Klimaschutz auf der anderen Seite, müssen trotz wissenschaftlicher Expertise von Politker(inne)n getroffen werden. So wurde gleich nach der Bundestagswahl 2021 berichtet, dass Sven Giegold (Bündnis 90/Die Grünen), Staatssekretär im neuen Superministerium für Wirtschaft und Klimaschutz von Robert Habeck, das EU-Naturschutzrecht lockern wolle, um einen schnelleren Ausbau erneuerbarer Energien auf der Fläche zu ermöglichen. (2) Das geltende Naturschutzrecht ist jedoch zum Teil ebenfalls Ausdruck der naturschutzpolitischen wissenschaftlichen Politikberatung, die den Schutz der Biodiversität im Blick hat. Wissenschaftlich ersetzen lassen sich solche notwendigen politischen Prioritätensetzungen keineswegs.

Erfolgsfaktor Integration

Das vom Autor mitentwickelte Research-Integration-Utilization (RIU)-Modell (3) ist ein Politikberatungsmodell, das gerade die wechselseitigen Integrationsprozesse zwischen Wissenschaft und Politik in den Blick nimmt. In dem Modell wird betont, dass es für das Gelingen wissenschaftlicher Politikberatung vor allem darauf ankommt, in einem zwischengeschalteten Prozess der Integration für wissenschaftliche Forderungen politische Möglichkeitsfenster zu nutzen und mächtige Akteurinnen und Akteure als Verbündete zu finden. Denn die Politik folgt der Wissenschaft oft nicht aus Einsicht, sondern dann, wenn die wissenschaftliche Expertise hilft, aktuelle eigene Interessen durchzusetzen. Wissenschaftliche Umweltpolitikberatung hat sich in den vergangenen Jahren stark ausdifferenziert und verändert. So sollen etwa Politik, Wissenschaft und Zivilgesellschaft in Reallaboren gemeinsam neue Ideen erproben, oder nach dem Zufallsprinzip zusammengesetzte Bürger(innen)räte Empfehlungen an die Politik erarbeiten. Auch wenn jeweils bestimmte Voraussetzungen erfüllt sein müssen, damit diese Methoden funktionieren, können sie innovative Formen der Integration zwischen Wissenschaft und Politik darstellen. Der SRU ist nach wie vor ein erfolgreicher und wichtiger Player der Umweltpolitikberatung. Seine Gutachten sind – retrospektiv – eine verlässliche Informationsquelle, will man sich über Konjunkturen und Problemlagen der deutschen Umweltpolitik der vergangenen 50 Jahre informieren. Zudem hat sich der Rat veränderten Anforderungen der wissenschaftlichen Umweltpolitikberatung gestellt und seine Arbeitsweise angepasst: Die Pflicht, alle vier Jahre ein umfassendes Umweltgutachten zu erstellen, ist kürzlich aus dem Einrichtungserlass des SRU gestrichen worden, um ihm mehr Flexibilität für kürzere Formate und die Beteiligung an aktuellen politischen Prozessen zu geben. Hier greift der Rat das beschriebene wissenschaftlich als notwendig erkannte, andere Verständnis von Politikberatung auf: Damit eine Integration zwischen Wissenschaft und Politik gelingt, müssen wissenschaftliche Expertisen zeitnah dann übermittelt werden, wenn der politische Diskurs offen ist. Das erreichen die vierjährlichen Umweltgutachten nur eingeschränkt. Der SRU ist hier mit der Zeit gegangen, seine Empfehlungen stellen immer noch einen wichtigen Kompass für die deutsche Umweltpolitik dar.

Ein keineswegs nur für den SRU geltendes Problem besteht darin, dass dessen sieben Mitglieder immer nur bestimmte wissenschaftliche Disziplinen repräsentieren, nicht jedoch die gesamte Umweltforschung. Die Arbeit des Gremiums hängt damit immer auch von Prioritätensetzungen und Präferenzen der aktuellen Ratsmitglieder ab. Mit der dauerhaft eingerichteten Geschäftsstelle und einem Stab an wissenschaftlichen Mitarbeiter(inne)n wird dieses Problem zwar abgeschwächt, aber nicht vollständig gelöst.

Kein Verstecken von Werturteilen

Ein weiteres für viele in der Politikberatung Tätige typisches Problem ist, dass Beratung nicht nur auf wissenschaftlich begründeten Fakten, sondern immer auch auf impliziten und teilweise expliziten Werturteilen beruht. Vorschläge, stärker deutlich zu machen, was politische Einschätzungen und was die zugrunde liegende wissenschaftliche Basis sind, gibt es bereits. (4) Analysen könnten zudem stärker ergebnisoffen präsentiert werden, beispielsweise als Wenn-Dann-Aussagen und Szenarien. Zudem sollten Sachverständige nicht die Grenzen ihrer Fachexpertise überschreiten. Damit ließe sich einer vielfach – auch in der Corona-Krise – beklagten Politisierung von Politikberatung entgegenwirken. Andernfalls kann der Eindruck entstehen, dass wissenschaftliche Erkenntnisse nur Meinungen darstellten, die wie politische Empfehlungen auch gesellschaftlich und nicht nur wissenschaftlich verhandelt werden könnten.

Für die Zukunft der Umweltpolitik im 21. Jahrhundert muss sich wissenschaftliche Politikberatung noch stärker als derzeit mit den Besonderheiten politischer Prozesse und vor allem den Faktoren einer erfolgreichen Integration befassen. Dafür ist es unbedingt notwendig, wissenschaftlich begründete und politische Aussagen zu trennen und dies transparent zu machen, gerade in einer Zeit, in der sich Bürger(innen) vermehrt über Social-Media-Kanäle informieren. Nur die klare Unterscheidung zwischen wissenschaftlich gewonnenen Fakten einschließlich noch verbleibender Unsicherheiten in der Forschung und wertbasierten politischen Bewertungen kann auf Dauer den Erfolg wissenschaftlicher Umweltberatung sichern. Entscheidend dafür und für die Arbeit des SRU und anderer Beratungsgremien ist, sich stärker als bisher mit Integrationsprozessen zu beschäftigen, in denen das durch Forschung erlangte Wissen auf wertbezogene Einschätzungen in Verwaltung und Gesellschaft trifft und zu politischen Lösungen transformiert wird. _____

Anmerkungen

(1) Schmid, J. (2005): Politikberatung: Zwischen Expertokratie und Hofnarrentum. In: Bucksteeg, M. / Schmid, J. (Hrsg.): Politikberatung und Politisches Management – Beiträge zwischen -Seminar und Wirklichkeiten, Tübingen, S. 11-20.
(2) www.welt.de/politik/deutschland/article235568558/Habecks-Ministerium-will-auf-Entschaerfung-von-EU-Naturschutzrichtlinien-hinwirken
(3) Böcher, M. / Krott, M. (2016): Science Makes the World Go Round, Heidelberg u.a.
(4) Böcher, M. / Krott, M. (2016): a. a. O. S. 181-184.

Wie lautet Ihr persönlicher Mutmacher für die Umweltpolitik der 2030er-Jahre?
Auch in den 2030er-Jahren wird es Menschen in Wissenschaft, Politik und Zivilgesellschaft geben, die die Umweltpolitik aktiv und dynamisch voranbringen ...

Zum Autor
Michael Böcher ist Professor für Politikwissenschaft mit Schwerpunkt Nachhaltige Entwicklung an der Otto-von-Guericke-Universität Magdeburg. Er beschäftigt sich seit vielen Jahren wissenschaftlich mit Politikberatung und ist seit 2020 Mitglied im Bioökonomierat der Bundesregierung.

Kontakt
Prof. Dr. Michael Böcher
Otto-von-Guericke-Universität Magdeburg
Institut für Gesellschaftswissenschaften
E-Mail michael.boecher@ovgu.de

NEBENWIRKUNGEN

Der Weg in eine zirkuläre Wirtschaft, die Ressourcen nachhaltig nutzt, ist steinig. Bislang setzen Politik und Wirtschaft vor allem auf ökologische Modernisierung, aber Wachstumseffekte fressen Effizienzgewinne regelmäßig wieder auf. – Brauchen wir einen neuen Gesellschaftsvertrag für umweltverträgliche Landwirtschaft? Wie können sich Städte gegen die Auswirkungen des Klimawandels wappnen? Welche neuen Narrative helfen bei der Umsetzung von Veränderungen?

Zum Umgang mit Reboundeffekten

Die Bändigung des Bumerangs

Wenn Effizienzsteigerungen nicht vollständig zu den erwarteten Einsparungen oder gar zu Mehrverbräuchen führen, spricht man vom Bumerang- oder Reboundeffekt. Um sinnvoll dagegen vorgehen zu können, müssen die Verantwortlichen in Politik, Verwaltung und Industrie noch erheblich an ihrem Problembewusstsein arbeiten.

Von Florian Kern

───────Ob Emissionshandel oder ein Verbot von Verbrennungsmotoren, umweltpolitisches Handeln und wissenschaftliche Umweltpolitikberatung bauen bis heute weitgehend auf Konzepten der 1990er-Jahre auf. Zu Beginn des 21. Jahrhunderts wurden einige konzeptionelle Erweiterungen des Verständnisses von Umweltpolitik stärker in den Blick genommen, etwa Vorschläge zur Förderung von Umweltinnovationen in Leitmärkten zum Vorantreiben einer ökologischen Modernisierung. (1) So gibt es seit Mitte der 2000er-Jahre einen internationalen Forschungsstrang zu Nachhaltigkeitstransformationen. Die Wissenschaftler(innen) untersuchen, auf welche Art und Weise struktureller Wandel vonstattengeht – im Hinblick auf die Erfüllung zentraler gesellschaftlicher Bedürfnisse, zum Beispiel Energieversorgung oder Mobilität. Es setzt sich die Erkenntnis durch, dass Politik auf vielfältige Weise sowie durch eine Kombination unterschiedlicher Strategien und Instrumente (Policy Mix) zu solchen sozio-technischen Transformationen beitragen kann. (2) In der deutschen Debatte nahm der Wissenschaftliche Beirat der Bundesregierung Globale

Umweltveränderungen (WBGU) zentrale Erkenntnisse dieser Forschung in seinem Gutachten aus dem Jahr 2011 zur Großen Transformation auf. Zudem entstanden Steuerungsansätze wie das Konzept einer transformativen Umweltpolitik.

Grünes Wachstum ist kein Allheilmittel

Ein Kritikpunkt in der Literatur zur Transformationsforschung ist, dass sie weitgehend auf ökologische Modernisierung (Green Growth) zur Lösung der Umweltprobleme setzt. Bisher reichten relative Verbesserungen beispielsweise der Ressourcen- oder Energieeffizienz weitgehend aus, um umweltpolitische Ziele zu erreichen. Im Hinblick auf absolute Reduktionsziele – Klimaneutralität bis 2045, Reduktion des Primärenergieverbrauchs um 30 Prozent bis 2050 – ist das jedoch nicht der Fall. Gleichzeitig weist die Reboundforschung darauf hin, dass Effizienzverbesserungen auch zu Wachstum beitragen und damit zu zusätzlichen Umweltbelastungen führen können, wenn es keine absolute Entkopplung von Wirtschaftswachstum und Umweltwirkungen gibt. Reboundeffekte sind unbeabsichtigte Folgen von Verbesserungen der Energieeffizienz, die das Einsparpotenzial von Effizienzmaßnahmen entweder reduzieren oder im Extremfall sogar zu einem Mehrverbrauch führen. So kann zum Beispiel der Kauf eines effizienteren Autos dazu führen, dass mehr gefahren wird (weil die Kosten pro gefahrenem Kilometer sinken) oder die Einsparungen beim Sprit für andere Ausgaben genutzt werden (z. B. für einen Flug), die einen zusätzlichen Energieverbrauch zur Folge haben. Auch in der Industrie treten Reboundeffekte auf, wenn effizientere Produktionsverfahren dafür sorgen, dass ein Produkt billiger angeboten werden kann und dann die Nachfrage nach dem Produkt steigt, was einen Mehrverbrauch an Energie zur Folge haben kann.

Sehr unterschiedliche Mechanismen tragen zu Reboundeffekten bei. (3) Studien zeigen, dass Reboundeffekte sowohl auf industrieller als auch auf volkswirtschaftlicher Ebene nicht unbedeutend sind. In den USA, China, Norwegen und Großbritannien konnten substanzielle Reboundeffekte von 24 bis 75 Prozent für verschiedene Industrien gemessen werden. Auf volkswirtschaftlicher Ebene variieren die Schätzungen je nach Methode stark – von niedrigen zweistelligen Werten bis hin zu über 100 Prozent. Reboundeffekte sind daher in jedem Fall so groß, dass sie in energie- und klimapolitische Überlegungen einbezogen werden sollten, da sie ansonsten die Erreichung der Klimaziele gefährden. Gleichzeitig gibt es bisher aber wenig spezifische Erkenntnisse dazu, wie Umweltpolitik auf diese Herausforderungen reagieren kann. Lediglich gilt die allgemeine Empfehlung, Reboundeffekten durch Preisinstrumente oder absolute Mengenbegrenzungen entgegenzuwirken. In dem vom Bundesministerium für Bildung und Forschung geförderten Projekt ReCap wurde daher am Beispiel der Energieeffizienzpolitik für den deutschen Industriesektor untersucht, wie sich Reboundeffekte begrenzen lassen. (4)

Studien zeigen, dass verschiedene Instrumente der Effizienzpolitik sich hinsichtlich ihrer Anfälligkeit für Rebounds unterscheiden. Die Wahrscheinlichkeit und das Ausmaß von Reboundeffekten bei Energieeffizienzmaßnahmen steigen, je schneller sich Effizienzinvestitionen amortisieren. Eine finanzielle Förderung solcher Investitionen verkürzt die Amortisationszeit und trägt so zu Reboundeffekten bei, da die eingesparten Mittel früher anderweitig investiert werden und damit einen Mehrverbrauch auslösen können. Dies ist betriebswirtschaftlich durchaus erwünscht. Nicht zuletzt deshalb ist die Förderung von Effizienzinvestitionen in der Industrie ein beliebtes Instrument, während die Existenz von Reboundeffekten vom zuständigen Wirtschaftsministerium entweder gar nicht oder nur am Rande erwähnt wird. Mit Blick auf die absoluten Energieeinsparziele ist dies problematisch.

Instrumente zur Eindämmung von Reboundeffekten

Im Projekt ReCap wurden in Stakeholder-Workshops und -Interviews Instrumente zur Eindämmung von Reboundeffekten entwickelt, diskutiert und bewertet. Da eine mögliche Erhöhung der Preise für Energie beziehungsweise CO_2-Emissionen Fragen der sozialen Gerechtigkeit, der internationalen Wettbewerbsfähigkeit und der politischen Akzeptanz aufwerfen, ist es wichtig, diese Aspekte bei der Gestaltung von Politik zu berücksichtigen. Zudem wurde die Wirkung der verschiedenen Instrumente auf wichtige wirtschaftliche Kenngrößen über ein makroökonomisches Modell geschätzt.

Die Modellierung zeigte, dass Reboundeffekten durch verschiedene Instrumente entgegengewirkt werden kann. Als flankierende Maßnahmen einer Effizienzsteigerung wurden jeweils eine CO_2-Bepreisung mit Rückvergütung der Einnahmen, eine ökologische Steuerreform, eine Reinvestitionsauflage der durch Energieeffizienz verursachten Einsparungen für Fördermittelempfänger(innen) sowie eine Verkürzung der Arbeitszeit modelliert. Alle Maßnahmen(-sets) sind in unterschiedlichem Ausmaß in der Lage, Reboundeffekte einzudämmen. Dabei variieren die gesamtwirtschaftlichen Effekte auf Beschäftigung und Wertschöpfung. Eine CO_2-Bepreisung von bis zu 180 Euro pro Tonne CO_2-Äquivalent in Kombination mit einer Reduktion der Umlage für das Erneuerbare-Energien-Gesetz (EEG) und einer Steuerreform, die den Faktor Energie stärker und den Faktor Arbeit weniger stark besteuert, haben einen leicht negativen Effekt auf das Bruttoinlandsprodukt. Bei einer Verkürzung der Arbeitszeit mit teilweisem Lohnausgleich ist der negative Effekt etwas größer. Demgegenüber ist die Beschäftigungswirkung einer Arbeitszeitverkürzung positiv, während die anderen modellierten Maßnahmensets hier kaum Effekte zeigen. Alle Maßnahmensets führen zu einer Reduktion des Endenergieverbrauchs; am deutlichsten ist dies bei der CO_2-Bepreisung mit Rückvergütung der Fall.

Die Verschärfung der EU-Klimaziele sowie der Regierungswechsel 2021 eröffnen aktuell ein Möglichkeitsfenster, um zusätzliche Maßnahmen umzusetzen. Wichtig ist, diese mit Blick auf Rebounds passend zu kombinieren und abzustimmen.

Politische Akzeptanz als Herausforderung

Nach Einschätzung von Expert(inn)en aus Politik und Verwaltung, Wissenschaft, Zivilgesellschaft, Industrie und Gewerkschaften ist bei der Flankierung von Effizienzförderung durch reboundmindernde Maßnahmen mit Akzeptanzproblemen zu rechnen. Denn es ist davon auszugehen, dass eine geringe Bereitschaft seitens Wirtschaft, Politik und Bürger(inne)n besteht, vermeintliche Einbußen in Wettbewerbsfähigkeit und Konsumkraft hinzunehmen. Daher schätzten die Fachleute die politische Machbarkeit von Preisinstrumenten als problematisch ein, obwohl sie deren Wirksamkeit und Praktikabilität positiv bewerteten. Dagegen galten Politikoptionen, die eine Verwendung der Effizienzgewinne einschränken, als weniger praktikabel. Insgesamt zeigt sich, dass die Akzeptanz von Maßnahmen gegen Rebounds insbesondere in Politik, Verwaltung und Industrie gering ist, weil es an Problembewusstsein und Verständnis für die komplexen Zusammenhänge mangelt. Reboundeffekte werden als relativ unwichtig und schwierig nachvollziehbar betrachtet. Gründe dafür sind eine stark von Fachbegriffen geprägte Diskussion,

> **„ Die Nutzung von CO$_2$-freien Technologien darf kein Freifahrtschein für erhöhten Energieverbrauch und den Verzicht auf Effizienzmaßnahmen sein. „**

die Komplexität des Phänomens, aber auch eine unzureichende Problematisierung im politischen Diskurs.

Um die Akzeptanz für Maßnahmen gegen Reboundeffekte zu erhöhen, sollten Wissenschaft, Zivilgesellschaft, Wirtschaft sowie Politik und Verwaltung gemeinsam zielgruppenspezifische Kommunikationsstrategien entwickeln. Zudem ist es wichtig, eine breitere Debatte über den Umgang mit Reboundeffekten zu führen. Die große gesellschaftliche Akzeptanz für Klimaschutz bietet dafür Anknüpfungspunkte. Mit der Adressierung von Reboundeffekten sollte ein positives Narrativ verbunden werden. Dabei könnte es hilfreich sein zu verdeutlichen, dass die Abschöpfung von Effizienzgewinnen mit gesellschaftlichen Ko-Benefits wie einer gerechteren Einkommensverteilung, einer solideren Altersvorsorge oder einem höheren Zeitwohlstand verbunden werden kann.

Transformation und Wachstumsunabhängigkeit

Auch wenn Effizienzsteigerungen das Kernprinzip deutscher Energie- und Umweltpolitik bleiben sollten, lässt sich Treibhausgasneutralität nicht allein dadurch erreichen. Daher ist es zentral, eine Transformationsstrategie hin zu einer CO$_2$-freien Gesellschaft zu entwickeln. Die Nutzung von CO$_2$-freien Technologien wie erneuerbare Energien darf dabei kein Freifahrtschein für erhöhten Energieverbrauch und den Verzicht auf Effizienzmaßnahmen sein, da auch sie mit negativen Umwelteffekten durch Rohstoff- oder Flächenverbrauch und sozialen Fragen, wie Akzeptanzproblemen bei einem flächendeckenden Ausbau, verbunden sind.

Der enge Zusammenhang von gesamtwirtschaftlichen Reboundeffekten und Wachstum im Kontext absoluter Reduktionsziele verdeutlicht das Dilemma einer Green-Growth-Strategie, deren Erfolg davon abhängt, dass ein absolutes Entkoppeln von Umweltverbrauch und Wachstum möglich ist. Da ungewiss ist, ob sich Energie-, Ressourcenverbrauch und Wachstum absolut entkoppeln lassen, sollte sich die Transformationsstrategie an der vorsorgeorientierten Postwachstumsposition orientieren. (5) Dazu gehört insbesondere, wichtige gesellschaftliche Bereiche wie die sozialen Sicherungssysteme wachstumsunabhängiger zu gestalten. Wie das geschehen kann, ist ein zentrales ungelöstes Problem, das unbedingt weiterer Forschung bedarf. _____

Anmerkungen

(1) Jänicke, M. / Jacob, K. (2004): Lead markets for environmental innovations: a new role for the nation state. In: Global environmental politics (1/2004) S. 29-46.
(2) Kern, F. / Rogge, K. S. / Howlett, M. (2019): Policy mixes for sustainability transitions: New approaches and insights through bridging innovation and policy studies. In: Research Policy, (10/2019) S. 1-16.
(3) Lange, S. et al. (2021): The Jevons paradox unravelled: A multi-level typology of rebound effects and mechanisms. In: Energy Research & Social Science (74/2021) S. 1-15.
(4) www.macro-rebounds.org/projekt/
(5) Petschow, U. et al. (2018): Gesellschaftliches Wohlergehen innerhalb planetarer Grenzen: Der Ansatz einer vorsorgeorientierten Postwachstumsposition (UBA-Texte, No. 89/2018).

Wie lautet Ihr persönlicher Mutmacher für die Umweltpolitik der 2030er-Jahre?
Dass ganz unterschiedliche gesellschaftliche Akteure die sozialökologische Transformation unterstützen.

Zur Autorin
Florian Kern, geb. 1980, ist Politikwissenschaftler und leitet seit 2018 das Forschungsfeld Umweltökonomie und Umweltpolitik am IÖW in Berlin. Sein Forschungsfokus liegt auf der Steuerung von Nachhaltigkeitstransformationen.

Kontakt
Dr. Florian Kern
Institut für ökologische Wirtschaftsforschung (IÖW)
E-Mail florian.kern@ioew.de

Umweltverträgliche Landwirtschaft

Ein neuer Gesellschaftsvertrag muss her

Längst ist klar, dass die bisherige Agrarpolitik nicht zukunfts-tauglich ist. Trotzdem wurde die Neuausrichtung bislang immer wieder verschleppt. Jetzt braucht es einen moderierten Dialog aller betroffenen Akteure und Rahmenbedingungen, die nachhaltiges Wirtschaften belohnen.

Von Tanja Busse und Alois Heißenhuber

━━━━━Vor dem Hintergrund einer eskalierenden Klimakrise und mitten in einem Massenaussterben von Arten ist der Druck zur ökologischen Transformation unserer Wirtschaft größer denn je. Immer deutlicher wird, dass sich die Art und Weise des Produzierens und Konsumierens vor allem in den westlichen Industriegesellschaften schnell und gründlich ändern muss. Unter besonderem Druck steht dabei die Landwirtschaft: zum einen, weil sie auf etwa der Hälfte der Fläche Deutschlands betrieben wird und zum anderen wegen der desolaten wirtschaftlichen Lage vieler Höfe und der heftiger werdenden Proteste von Bäuerinnen und Bauern in Berlin, Brüssel und vor den Lagern des Lebensmittelhandels. Weil es dabei um so viele Aspekte geht, die Bürger(innen) direkt berühren – die Landschaft, in der sie leben, ihr Trinkwasser, das Schicksal der Stalltiere, das sie emotional berührt –, wird die Debatte um die Zukunft der Landwirtschaft öffentlich ausgefochten.

Bereits 1985 hat der SRU in einem Sondergutachten die Auswirkungen der Landwirtschaft auf die Umwelt untersucht. (1) Bei den von der modernen Landwirtschaft ausgehenden Umweltbelastungen wurden als schwerwiegendste Auswirkung die Beeinträchtigung, Verkleinerung, Zersplitterung und Beseitigung naturbetonter Biotope und Landschaftsbestandteile des von der Landwirtschaft geprägten ländlichen Raumes genannt. Diese seien die Hauptursachen des starken Rückganges wildlebender Pflanzen- und Tierarten, deren weitere Existenz gemäß den Roten Listen zu 30 bis 50 Prozent ihrer Artenzahl bedroht ist. Dreißig Jahre später wurde in einer Studie festgestellt, dass sich trotz eindringlicher Warnungen aus Wissenschaft und Zivilgesellschaft die Situation der Umwelt- und Naturschutzgüter Biodiversität, Landschaftsbild, Boden und Klima seit 1985 tendenziell negativ entwickelt hat. (2)

Daraus folgt, dass die Transformation der Landwirtschaft nicht länger verschleppt werden sollte. Sie muss dringend nachhaltiger und gleichzeitig resilienter werden, also widerstandsfähiger gegenüber Krisen. Eine solche Transformation bietet Synergien für Klimaschutz, Biodiversität, Ernährung, öffentliche Gesundheit, den Wasserhaushalt und die Energiewende. Dafür schlagen wir zeitgemäße politische Rahmenbedingungen und einen neuen Gesellschaftsvertrag vor, der unter Beteiligung aller Akteure in Bürgerforen auf regionaler Ebene mit Leben gefüllt werden sollte.

Folgen des Fortschritts

Durch ihre Jahrtausende während Bewirtschaftung haben Bäuerinnen und Bauern die abwechslungsreichen und vielfältigen Kulturlandschaften Mitteleuropas geschaffen. Ohne ihre Felder, Wiesen, Weiden, ohne ihre Streuobstwiesen, Hecken und Waldweiden und ohne ihre Gärten hätte sich keine so hohe biologische Vielfalt entwickelt. Dass die Landwirtschaft die Biodiversität nicht mehr fördert, sondern gefährdet, ist ein sehr junges Phänomen des Anthropozäns, also des Zeitalters, in dem der Mensch zum prägenden Einflussfaktor auf die Prozesse der Erde geworden ist. In den Jahren nach dem Zweiten Weltkrieg war der gesellschaftliche Auftrag an die Landwirtschaft, ihre Produktivität zu steigern, um die Menschen so gut und günstig wie möglich zu versorgen. Das gelang den Landwirt(inn)en in bisher ungeahntem Maß, allerdings auf Kosten von Vielfalt und Resilienz. Sie folgten den Prinzipien der Industrie: Intensivierung, Technisierung, Spezialisierung und Standardisierung, bis sie schließlich zu Opfern ihres eigenen Erfolgs wurden.

Der Anteil der in der landwirtschaftlichen Primärproduktion Tätigen liegt heute in Deutschland unter zwei Prozent der Erwerbstätigen. Noch nie wurden so viele Menschen von so wenigen Landwirt(inn)en ernährt. Die Bedeutung der Landwirtschaft sowohl für die menschliche Lebensmittelversorgung als auch für die Erhaltung der natürlichen Ressourcen kommt in diesen Zahlen nicht zum Ausdruck.

Viele Landwirte und Landwirtinnen sehen sich vor dem Dilemma: Wirtschaften sie so, dass sie am Markt bestehen können, verursachen sie externe Kosten und verlieren in weiten Teilen der Bevölkerung an Wertschätzung. Wirtschaften sie so nachhaltig und tierfreundlich, wie es ein Großteil der Bevölkerung erwartet, können sie auf dem Markt nicht oder nur mit selbst geschaffenen Vermarktungswegen in Nischenmärkten bestehen. Jahrzehntelang hat die Politik wenig dafür getan, die Landwirte und Landwirtinnen aus diesem Dilemma zu befreien und das, obwohl die Landwirtschaft der EU seit 1992 in großem Umfang Direktzahlungen erhält. Diese Zahlungen werden aktuell in Form einer Flächenprämie gewährt. Sie sind jedoch weder gegenüber der Gesellschaft noch innerhalb der Landwirtschaft vermittelbar, da sie weder auf die Bedürfnisse der Landwirte und Landwirtinnen noch gezielt an anderen Leistungen ausgerichtet sind. So bleibt als Fazit: Ein Weiter-so ist keine Option! Aktuell mündet der Konflikt in gegenseitigem Unverständnis und führt zu schärfer werdender Kritik von allen Seiten und einer Radikalisierung der protestierenden Landwirte und Landwirtinnen. (3)

Neues Leitbild für menschliche und planetare Gesundheit

Die Landwirtschaft soll heute nicht nur günstige Rohstoffe für die Lebensmittelindustrie produzieren, sondern gleichzeitig auch die historische Kulturlandschaft erhalten, helfen, den Verlust der biologischen Vielfalt zu stoppen, das Wasser überall wieder sauber zu bekommen und obendrein einen großen Beitrag zur Bekämpfung der Klimakrise zu leisten. Dabei ist klar, dass Bäuerinnen und Bauern, die oft über lange Perioden hinweg zu nicht kostendeckenden Preisen wirtschaften müssen, diese Aufgaben nicht aus eigener Kraft stemmen können.

Aber genau in dieser Komplexität liegt auch die Chance für eine neue Landwirtschaft. Denn würden die großen gesellschaftlichen und politischen Problemfelder endlich besser miteinander koordiniert, könnten sich große Synergien entwickeln.

Krankenkassen, Kinderärztinnen und Ernährungsmediziner schlagen Alarm, weil immer mehr Menschen immer früher krank werden und vorzeitig sterben, denn sie ernähren sich falsch: zu süß, zu fettig, zu einseitig. Würden sich die Menschen vielfältiger ernähren, würden sie weniger hoch verarbeitete Lebensmittel und mehr regionales Obst, Gemüse, Nüsse und Hülsenfrüchte verzehren, lebten sie gesünder – und böten auch den Landwirtinnen und Landwirten neue Chancen. Die Vielfalt auf den Feldern hätte einen direkten Nutzen für die Biodiversität und die Vielfalt auf den Tellern hätte einen direkten Nutzen für die Gesundheit der Menschen.

> **„ In Zukunft sollten Landwirtinnen und Landwirte mit weniger Tieren bei besserer Haltung ein gutes Einkommen erwirtschaften und dafür gesellschaftliche Anerkennung bekommen. "**

Ackerbau mit weiten Fruchtfolgen in einer vielfältigen Kulturlandschaft mit Hecken, breiten Säumen, Streuobstwiesen, Agroforst und klimaschonend bewirtschafteten Mooren, ergänzt durch möglichst großflächige Weiden mit Agro-Photovoltaikanlagen – soweit sie in die Landschaft passen – kann Lebensmittel für eine gesunde fleischarme Ernährung liefern und gleichzeitig den Boden und den Wasserhaushalt schützen, erneuerbare Energie liefern und helfen, das Verschwinden der Arten zu begrenzen.

Die EAT-Lancet-Kommission hat dafür ein Leitbild entwickelt, wie sich zehn Milliarden Menschen in Zukunft ernähren sollten, ohne die planetaren Belastungsgrenzen zu überschreiten: überwiegend pflanzenbasiert, mit moderatem Konsum von Fleisch und Milchprodukten, dafür viel Obst, Gemüse, Nüsse und Hülsenfrüchte. (4) Solche Zukunftsbilder dürften den meisten Landwirten und Landwirtinnen unrealistisch erscheinen – zu lange waren sie allen Subventionen zum Trotz den Schwankungen der Weltmärkte ausgesetzt. Eine wirklich nachhaltige Landwirtschaft wäre nur mit klarer politischer Unterstützung (unter Umständen auch gegen die Interessen weiter Teile der Agrarindustrie) und mit großer gesellschaftlicher Beteiligung denkbar.

Dazu bräuchte es erstens eine neue europäische Agrarpolitik, die Fördergelder ausschließlich für öffentliche Leistungen bezahlt, das aber planbar und verlässlich. Die Gemeinwohlprämie des Deutschen Verbands für Landschaftspflege wäre ein gutes Modell dafür. Zweitens bräuchte es regionale Entwicklungspläne für die Landwirtschaft. So hat die Kommission Landwirtschaft am Umweltbundesamt 2019 eine Reform des Planungsrechts vorgeschlagen, um Düngeüberschüsse zu reduzieren und das Grundwasser vor zu viel Nitrat zu schützen. Ställe sollten nur dann gebaut werden dürfen, wenn ökologische Obergrenzen einer bestimmten Region nicht überschritten werden. (5) Die Kommission forderte damit einen Perspektivwechsel „vom Sektor zum Raum". Die einzelbetriebliche Produktivitätssteigerung dürfe nicht das Ziel der landwirtschaftlichen Entwicklung sein, wenn die rechtlichen und politischen Rahmenbedingungen die Betriebe zu einer Wirtschaftsweise zwingen, die den natürlichen Ressourcen und der Biodiversität schadet.

Gemeinsame Zukunftsverhandlungen

Drittens bräuchte es einen neuen Gesellschaftsvertrag für eine zukunftsfähige Landwirtschaft, wie schon vor einigen Jahren vom Bundesumweltministerium vorgeschlagen (6) und seitdem immer wieder diskutiert und nur in Teilen umgesetzt. Damit die Landwirte und Landwirtinnen den Vorstellungen eines Großteils der Bevölkerung zu wirtschaftlich und sozial akzeptablen Bedingungen näher kommen, sollte ein agrarpolitisches Konzept in Form eines von einer breiten politischen und gesellschaftlichen Mehrheit getragenen Zukunftsleitbildes, eine Art Gesellschaftsvertrag, entwickelt und umgesetzt werden. Ein derartiger Gesellschaftsvertrag müsste öffentlich unter Mitwirkung aller betroffenen Akteure und Akteurinnen sowie mit für alle Beteiligten bindenden Zielen diskutiert werden. Einen guten Anfang hat das Kompetenznetzwerk Nutztierhaltung zum Umbau der Nutztierhaltung in Deutschland gemacht. Einen weiteren wichtigen Beitrag kann der kürzlich vorgelegte Abschlussbricht der Zukunftskommission Landwirtschaft (ZKL) leisten, der von allen Beteiligten aus den Umwelt- und Agrarverbänden als Meilenstein der Verständigung bewertet wird. Auch die Weltmarktorientierung für Erzeugnisse, die international austauschbar sind, wie Schweinefleisch und Milchpulver, ist zu hinterfragen.

Ausgehend von diesen Ideen müssten viertens regionale Foren eingerichtet und öffentlich finanziert werden, in denen möglichst viele Akteure und Akteurinnen aus Landwirtschaft, Gartenbau, Imkerei, Schäferei, Naturschutz, Klimaschutz, Medizin, Bildung, Gastronomie, Lebensmittelhandwerk, Wasserwirtschaft und Landschaftsentwicklung gemeinsam regionale Ernährungs- und Biodiversitätspläne entwerfen und umsetzen. Das Ziel sollten verlässliche regionale Wertschöpfungsketten zu fairen Preisen sein, mit einer vielfältigen Landwirtschaft, die eine Balance zwischen Lebensmittelproduktion und Biodiversitätserhalt gefunden hat. Die öffentlichen Kantinen könnten dabei Vorreiter sein. Hätten sie den Auftrag, regionale, möglichst ökologische und saisonale Lebensmittel nach den Prinzipien der Planetary-Health-Diät zu fairen Erzeugerpreisen zu beschaffen, wären sie ein großer Treiber für die Transformation der landwirtschaftlichen Betriebe. Natürlich müssten auch die lokalen handwerklichen Betriebe der Lebensmittelverarbeitung von dieser Zusammenarbeit profitieren. Deshalb bräuchte es einen Kümmerer, der alle Fäden in der Hand behält, alle Akteurinnen und Akteure miteinander vernetzt und bürokratische Hürden aus dem Weg räumt. Und natürlich eine Wirtschaftsförderung, die stärker auf Regionalität setzt. Zu klären wäre weiterhin, wie sich verhindern lässt, dass importierte Lebensmittel, die diese Standards unterlaufen, die lokalen Produkte verdrängen. Denkbar wären Grenzausgleichsmaßnahmen wie sie aktuell für die CO_2-Abgabe diskutiert werden.

Fazit: Die bisherige Agrarpolitik ist nicht zukunftsfähig, eine Neuausrichtung unabdingbar. Einen Weg aus der Krise könnte ein moderierter Dialog aller betroffenen Akteure und Akteurinnen bieten – mit dem Ziel, die Landwirtschaft als Kreislaufwirtschaft nach regenerativen Prinzipien auszurichten, so dass Klima, Biodiversität, Boden und Wasser wirklich geschützt werden. In Zukunft sollten Landwirtinnen und Landwirte mit weniger Tieren bei besserer Haltung ein gutes Einkommen erwirtschaften und dafür gesellschaftliche Anerkennung bekommen. ▬

Anmerkungen

(1) Der Rat von Sachverständigen für Umweltfragen (1985): Umweltprobleme der Landwirtschaft. Sondergutachten. Stuttgart und Mainz.

(2) Heißenhuber A. / Haber, W./ Krämer, C. (2015): 30 Jahre SRU-Sondergutachten „Umweltprobleme der Landwirtschaft" – eine Bilanz. TEXTE 28/2015.

(3) Vgl. Busse, T. / Grefe, C. (2021): Aufstand der Trecker, in: *Die Zeit* Nr. 3/21.

(4) Willet, W. / Rockström, J. et al. (2019): Food in the Anthropocene: the EAT–Lancet Commission on healthy diets from sustainable food systems. In: The Lancet Commissions, Vol. 393.

(5) www.umweltbundesamt.de/sites/default/files/medien/1410/publikationen/190917_uba_kp_landwirtschaft_quovadis_bf.pdf

(6) Feindt, P. H. / Krämer, C. et al. (2019): Ein neuer Gesellschaftsvertrag für eine nachhaltige Landwirtschaft. Wege zu einer integrativen Politik für den Agrarsektor, Berlin Heidelberg.

Wie lautet Ihr persönlicher Mutmacher für die Umweltpolitik der 2030er-Jahre?

a) Dass der Aufstand der letzten Generation die Umweltpolitik der nächsten Jahre beschleunigen wird.

b) Dass die Umweltpolitik der 2030er-Jahre uns keine Last ist, sondern ein Quell für mehr Lebensqualität.

Zu den Autor(inn)en

a) Tanja Busse studierte Journalistik und Philosophie, volontierte beim WDR und wurde mit einer Arbeit über Weltuntergangsvorstellungen promoviert. Sie arbeitet als freie Moderatorin, Autorin und Journalistin und ist Kuratorin der Schweisfurth Stiftung sowie der Zukunftsstiftung Landwirtschaft.

b) Alois Heißenhuber war von 1996 bis 2013 Inhaber des Lehrstuhls für Wirtschaftslehre des Landbaues an der TUM in Weihenstephan. Er war Mitglied im Wissenschaftlichen Beirat für Agrarpolitik sowie im Wissenschaftlichen Beirat für Biodiversität und genetische Ressourcen des BMELV. Von 2016 bis 2019 war er Vorsitzender der Kommission Landwirtschaft beim UBA.

Kontakt

Dr. Tanja Busse
E-Mail mail@tanjabusse.de

Prof. Dr. Dr. h.c. Alois Heißenhuber
TU München-Weihenstephan
E-Mail alois.heissenhuber@tum.de

Gesundheit und nachhaltige Stadtentwicklung

Lebenswerter durch Vernetzung

Damit Menschen in einem gesunden urbanen Umfeld leben können, müssen sich Städte besser für die klimawandelbedingten Veränderungen wappnen. Bei Planungen sind von Anfang an Gesundheitsaspekte zu berücksichtigen. Wichtig dabei ist soziale Fairness.

Von Claudia Hornberg und Rainer Fehr

In Städten zeigt sich in besonderer Weise, wie die Gestaltung unseres Lebensumfeldes die Gesundheit beeinflusst. Große Bevölkerungsdichte und Verbauung, industrielle Nutzung sowie hohes Verkehrsaufkommen beeinflussen in vielfältiger Weise unser Wohlbefinden. Ob primär negativ oder auch positiv hängt sehr stark davon ab, wie sehr Gesundheitsaspekte in der Stadtentwicklung berücksichtigt werden. Hier setzt das in Deutschland noch relativ neue Konzept von Nachhaltiger StadtGesundheit (1) (engl. Sustainable Urban Health) an. Urban Health wird dabei weit gefasst, nämlich als die Anwendung gesundheitswissenschaftlicher Theorie und Praxis auf Humanpopulationen in Städten und Regionen. (2) Dass Schutz und Förderung menschlicher Gesundheit unlösbar verbunden sind mit ökologischer Nachhaltigkeit (3) und sozialer Gerechtigkeit (4), drückt sich in der Bezeichnung Nachhaltige StadtGesundheit aus. Gesundheitliche, soziale und ökologische Belange gemeinsam zu betrachten, ist daher ein konstruktiver Gegenpol zur fortschreitenden Spezialisierung in den Sozial- und Naturwissenschaften. Die Leitprinzipien von Nachhaltiger StadtGesundheit heißen Blickfelderweiterung für Erkenntnisgewinn und Brückenbau für die Praxis; dabei sind Brücken zwischen wissenschaftlichen Disziplinen, zwischen Ressorts sowie zwischen Wissenschaft, Wirtschaft und Zivilgesellschaft gemeint.

Im Rahmen des aus dem Deutschen Stiftungszentrum geförderten Programmes „Stadt der Zukunft – Gesunde und nachhaltige Metropolen" samt seinen Forschungsgruppen, Projekten und Konferenzen werden die Grundgedanken von Nachhaltiger StadtGesundheit weiterentwickelt. Ein Leitprodukt dieser Arbeiten stellt die Edition Nachhaltige Gesundheit in Stadt und Region dar. In einer ersten Fallstudie haben hundert Autor(inn)en dazu zahlreiche Facetten in einem deutschen Stadtstaat beleuchtet. In Resonanz darauf entstand in Hamburg ein kontinuierlich arbeitender Arbeitskreis, in dem sich Vertreter(innen) verschiedener Fachdisziplinen und der Zivilgesellschaft transdisziplinär mit dem Thema befassen.

Fachplan Gesundheit nötig

Gesundheit ist zweifelsfrei ein hohes gesellschaftliches Gut. Weniger selbstverständlich ist dagegen die Einsicht, dass alle Sektoren Einfluss auf die Gesundheit haben und in unterschiedlicher Weise zur Erhaltung, Wiederherstellung oder auch Gefährdung von Gesundheit beitragen (Health in all Policies). (5) Das gilt insbesondere auch für die Stadtplanung samt der verschiedenen Fachplanungen wie etwa Verkehrswege-, Wohnraum- oder Grünflächenplanung.

Stadtplanung hat viele Ziele zu beachten, die um Aufmerksamkeit konkurrieren und zum Teil auch in Gegensatz zueinander stehen. Wirtschaftliche Ziele werden dabei oft mit großem Nachdruck verfolgt. Demgegenüber müssen die Ziele Humangesundheit, Wohlbefinden und Lebensqualität gestärkt werden. Dafür lässt sich ein breites Spektrum von Maßnahmen einsetzen. Besonders wichtig ist es, die – positiven und negativen – Auswirkungen von Planungsentscheidungen wissenschaftlich evidenzbasiert aufzuzeigen. Prinzipiell und um eine breite Unterstützung durch Akteurinnen und Akteure sowie die Öffentlichkeit zu erreichen, ist es sinnvoll, Synergien zwischen verschiedenen Zielbereichen (multiple win) aufzuzeigen, zum Beispiel als gleichzeitigen gesundheitlichen, ökologischen und sozialen Nutzen urbaner Grün- und Blauräume.

Die Rechtsgrundlagen für die Berücksichtigung von Gesundheit in der Stadtplanung, etwa im Baugesetzbuch, in Ländergesetzen für den öffentlichen Gesundheitsdienst und im Umweltverträglichkeitsprüfungs(UVP)-Gesetz, sind schwach ausformuliert. Ihre Umsetzung lässt noch mehr zu wünschen übrig. Es existiert ein Ensemble von (Informations-)Werkzeugen, darunter Leitlinien und Leitfäden (samt Abschnitten beispielsweise zu Mobilität, Freiräumen, Wohnverhältnissen, sozialem Zusammenhalt sowie Sicherheit und Schutz). Diese sollten vermehrt angewendet und die Planungsprozesse kritisch evaluiert werden. Zudem empfiehlt es sich, Kompetenzen für Gesundheitsbelange relevanter Berufsgruppen bereits in der Ausbildung aufzubauen.

Aus Sicht der StadtGesundheit wäre es ein bedeutender Fortschritt, wenn – wie für andere Sektoren – ein Fachplan Gesundheit den lokalen Status quo, die gesundheitlichen Bedrohungen und Potenziale sowie die wünschenswerten Entwicklungsrichtungen aufzeigt.

Netz knüpfen zwischen Umweltschutz und Gesundheitssektor

Immer mehr Menschen leben in urbanen Räumen. Entsprechend hoch ist der Bedarf an Wohnraum und Infrastrukturen. Längst ist dabei verankert, dass die Planung dafür nachhaltig angelegt sein muss. Die Schaffung von Wohnraum sollte von Anfang an, nicht nur bei der Auswahl der Baumaterialien, sondern auch der Gestaltung der notwendigen Infrastrukturen, umweltgerecht geplant werden. Das heißt auch, dass Lebensqualität und Gesundheit der Stadtbewohnenden mitgedacht werden.

Nachweislich sind Menschen mit einem niedrigeren sozio-ökonomischen Status häufiger mehr Umweltbelastungen (wie Lärm, luftgetragenen Immissionen, thermischen Belastungen) ausgesetzt als Menschen mit einem höheren Status. (6) Studien zeigen, dass das Risiko für psychiatrische Erkrankungen in Städten generell höher ist als in ländlichen Gebieten. (7) Hierfür gibt es unterschiedliche Erklärungen. Das Stadtleben weist dennoch auch vielfältige positive Gesundheitseinflüsse auf. Dazu gehören eine gute Gesundheitsversorgung, hohe Mobilität, ein gutes Bildungsangebot und vielfach gute soziale Anbindungen. Jedoch steigen die Anforderungen an wachsende Städte. Sie müssen attraktive Mobilitätsangebote im Umweltverbund schaffen, um krankmachende Lärm- und Luftschadstoffexpositionen zu reduzieren. Wichtig für Lebensqualität und Gesundheit ist es, Freiräume wie Grünflächen und Gewässer zu schaffen und zu erhalten. Sie sollten für alle Menschen gut erreichbar und nutzbar sein, um sozialer Ungerechtigkeit entgegenzuwirken. Des Weiteren müssen die Städte an den Klimawandel angepasst werden, unter anderem um klimasensible Menschen (z. B. durch Vermeidung von Hitzeinseln) und Gesundheitsinfrastrukturen zu schützen.

Es gibt bereits diverse Ansätze für umweltgerechte und gesundheitsfördernde Städte. Diese gehen vom Umweltschutz aus, wo das Thema der menschlichen Gesundheit seit vielen Jahrzehnten bereits tief verankert ist. Hingegen wird im Gesundheitswesen das Thema Umwelt bisher eher wenig beachtet. Oftmals werden ökologische Faktoren und ihr Einfluss auf die Humangesundheit unterschätzt. Außerdem arbeitet der Gesundheitssektor bisher mit hohem Ressourcenverbrauch und hohen Emissionen. Um Städte gesund und umweltgerecht zu gestalten, müssen sich Umweltschutz und Gesundheitssektor stärker miteinander vernetzen.

Klimaschutz fördert auch gesünderes Leben

Lokales und regionales Klima hat einen großen Einfluss auf alle planetáren Lebensprozesse. Entsprechend beeinflusst der Klimawandel auch die Humangesundheit. In den wissenschaftlichen Klimaberichten werden daher regelmäßig dessen gravierende Auswirkungen, darunter Hitzebelastungen, Extremwetterereignisse sowie allergologisch, infektiologisch und lufthygienisch bedeutsame Faktoren behandelt. Klimaschutz ist daher auch Gesundheitsschutz.

Städte spielen beim Klimawandel eine doppelte Rolle: Sie sind sowohl Verursacherinnen als auch Betroffene. StadtGesundheit blickt unter anderem auf die genannten gesundheitlichen Auswirkungen und fragt nach geeigneten Schutz- und Anpassungsmaßnahmen. Diese reichen von speziellen Monitoring-Programmen (etwa Pollenmonitoring) und (Hitze-)Frühwarnsystemen über Aufklärungsprogramme, beispielsweise mit Schwerpunkt auf allein lebenden älteren Menschen, bis hin zu städtebaulichen Maßnahmen wie Gründachprogrammen.

Regionen und gesellschaftliche Gruppen sind in unterschiedlichem Umfang vom Klimawandel betroffen. Sozial benachteiligte Menschen haben oftmals aufgrund vorbelasteter Lebensumfelder, geringerer Ressourcen und begrenzter Informations-zugänge weniger Möglichkeiten, sich zu schützen, und sind deshalb stärker belas-tet. Hingegen fällt ihr Beitrag zum Klimawandel aufgrund geringeren Konsums gegebenenfalls niedriger aus.

Schon jetzt zielen viele Klimaanpassungsmaßnahmen darauf ab, gesundheitliche Auswirkungen zu mildern. Für die weitere Anpassung der Städte an den Klimawan-del ist aus Sicht von StadtGesundheit wünschenswert sicherzustellen, dass diese Maßnahmen die menschliche Gesundheit nicht zusätzlich belasten. So kommt es etwa durch energetisch effizienten Fensterbau zu einem geringeren Frischluftaus-tausch. Zudem sollte das medizinische und pflegerische Versorgungssystem stärker als bisher klimaschonend bis klimaneutral agieren. Entsprechende Ansätze wurden bereits auf den Weg gebracht, stellen aber in Pandemiezeiten eine besondere He-rausforderung dar.

Der Ansatz Nachhaltige StadtGesundheit weist schon in seiner Namensgebung auf die enge Verbindung von Gesundheit zu Umweltschutz, Klimaschutz und Nach-haltigkeit hin. Damit Städte resilient und zukunftsfähig gestaltet werden können, müssen die genannten Disziplinen stärker miteinander vernetzt werden. Um Syn-ergieeffekte zu nutzen, ist deren Zusammenspiel von Anfang an zu bedenken. Der intersektoralen Zusammenarbeit einer ökologisch ausgerichteten Stadtplanung mit Public Health kommt dabei eine zentrale Bedeutung zu. Sie ist die Basis für eine gesundheitsfördernde Stadtentwicklung und eine gesundheitserhaltende Wohnum-welt (healthy urban environment) zur Vermeidung und Beseitigung gesundheit-licher Ungleichheiten.

Abschließend sei erneut auf das bedeutende Potenzial von (Informations-)Werkzeu-gen für Blickfelderweiterung und Brückenbau hingewiesen. Schon die engere Ab-stimmung sektoraler Beobachtungssysteme sowie Berichterstattungen können helfen, Synergien zu erzeugen. Gleiches gilt für gemeinsame Folgenabschätzung von Interventionen (im Voraus: Impact Assessment, im Nachhinein: Evaluation). Eine neue Generation kooperativ entwickelter und eingesetzter Werkzeuge könnte an der Nahtstelle zwischen Ökologie, Gesundheit und Planung wesentliche Impulse für den Schutz der Umwelt, die Förderung von Gesundheit und die Ausgewogen-heit planerischer Entscheidungen setzen. ———

Anmerkungen

(1) www.oekom.de/buch/stadt-der-zukunft-gesund-und-nachhaltig-9783962380748
(2) Galea S. / Vlahov, D. (Hrsg.) (2005): Handbook of Urban Health. Populations, Methods, and Practice. Springer, New York.
(3) Rayner, G. / Lang, T. (2012): Ecological Public Health. Reshaping the conditions for good health. Earthscan, Routledge, Abingdon (UK).
(4) www.instituteofhealthequity.org/resources-reports/fair-society-healthy-lives-the-marmot-review
(5) Böhm K. et al. (Hrsg.) (2020): Gesundheit als gesamtgesellschaftliche Aufgabe. Das Konzept Health in All Policies und seine Umsetzung in Deutschland. Springer / VS, Wiesbaden.
(6) Bolte G. et al. (2012): Umweltgerechtigkeit durch Chancengleichheit bei Umwelt und Gesundheit. Eine Einführung in die Thematik und Zielsetzung dieses Buches. In: Bolte, G. et al. (Hrsg.): Umweltgerechtigkeit: Chancengleichheit bei Umwelt und Gesundheit. Konzepte, Datenlage und Handlungsperspektiven. Bern, S.15-37.
(7) www.aerzteblatt.de/archiv/186401/Risiko-fuer-psychische-Erkrankungen-in-Staedten.

die Arbeitsgruppe Sustainable Environmental Health Sciences. Seit 2016 ist sie Vorsitzende des SRU.

b) Rainer Fehr ist Arzt und Epidemiologe. Er war Leiter des Landeszentrums Gesundheit Nordrhein-Westfalen und ist jetzt Seniormitarbeiter der Fakultät für Gesundheitswissenschaften an der Universität Bielefeld.

Wie lautet Ihr persönlicher Mutmacher für die Umweltpolitik der 2030er-Jahre?

a) „Lebe, lache gut! Mache deine Sache gut!" Joachim Ringelnatz (1883 - 1934), eigentlich Hans Bötticher.

b) Corona & Klima = genug der Probleme. Gesund & Nachhaltig wachsen zusammen als wirksames Leitbild.

Kontakt

Prof. Dr. Claudia Hornberg
Universität Bielefeld, Medizinische Fakultät
Ostwestfalen-Lippe (OWL)
E-Mail claudia.hornberg@uni-bielefeld.de

Zu den Autor(inn)en

a) Claudia Hornberg ist Biologin, Ökologin und Humanmedizinerin. Seit 2018 ist sie Gründungsdekanin der Medizinischen Fakultät OWL der Universität Bielefeld. Sie leitet

Prof. Dr. Rainer Fehr
Universität Bielefeld, Fakultät für
Gesundheitswissenschaften
E-Mail rainer.fehr@uni-bielefeld.de

Gewässer im Klimawandel

Auf jeden Tropfen kommt es an

In Zeiten der Klimakrise mit Hitzewellen und Dürreperioden wird die Bedeutung von Wasser als Quell des Lebens besonders deutlich. Selbst im wasserreichen Bayern ist das Element zuweilen knapp. Eine langfristige Planung und ausreichend finanzielle Mittel sind für eine zukunftssichere Wasserversorgung im Freistaat und anderswo nötig.

Von Jörg E. Drewes

Wasser ist unser wichtigstes Lebensmittel und eine Schlüsselressource für das menschliche Leben sowie die belebte Umwelt. Die Gewässerbewirtschaftung beeinflusst zahlreiche Sektoren des gesellschaftlichen Umfeldes, insbesondere die Land- und Forstwirtschaft, Fischerei, Siedlungen, Strom- und Wärmeerzeugung, Schifffahrt, Naherholung, den Naturschutz und den Tourismus.

Der Freistaat Bayern ist ein wasserreiches Land – insbesondere südlich der Donau. Wasserknappheit trat bisher allenfalls lokal und für kurze Zeiträume auf. In den letzten zwei Jahrzehnten haben sich jedoch wichtige Rahmenbedingungen derart stark verändert, dass diese Gewissheit nicht länger trägt. Die Auswirkungen des Klimawandels werden immer deutlicher sichtbar in Veränderungen des Niederschlags- und Verdunstungsgeschehens, in lang anhaltenden Trockenzeiten mit Hitzerekorden oder in vermehrt auftretenden Sturzfluten. Auch in eingeschränkten Ökosystemfunktionen, in einem sich ändernden Bodenwasserhaushalt sowie in abnehmenden Raten der Grundwasserneubildung zeigen sich die Folgen. Über die vergangenen Jahrzehnte sind zudem ländliche Räume und Siedlungsstrukturen im gesamten Freistaat in einem Ausmaß verändert worden, dass sowohl in der freien Landschaft als auch in Siedlungen der natürliche Wasserrückhalt stark abgenommen hat. Daraus resultieren erhebliche Folgen für den gesamten lokalen und regionalen Wasserhaushalt, die Wasserwirtschaft und die Gewässerökologie. Nutzungskonflikte nehmen zu und verschärfen sich. Bisherige Maßnahmen können diese Konflikte weder lösen noch ihnen vorbeugen. Für eine zukunftssichere Wasserbewirtschaftung, die die Resilienz des Landschaftswasserhaushalts in den Mittelpunkt stellt, müssen neue Ziele gesetzt werden.

Die Bayerische Staatsregierung hat daher im Herbst 2020 eine Expert(inn)enkommission (1) gebeten, Gestaltungsvorschläge für eine zukunftssichere Wasserversorgung im Freistaat Bayern zu entwickeln. Die Kommission formulierte Leitgedanken zur Ausgestaltung einer sicheren Wasserzukunft in Bayern, ergänzt durch Vorschläge für praktische Maßnahmen und konkrete Handlungsempfehlungen an die Politik. (2)

Enorme Herausforderungen für die Gewässerbewirtschaftung

Niederschläge speisen den natürlichen Wasserkreislauf. Eine treibende Kraft für die Veränderung regionaler und lokaler Niederschläge sowie das zeitliche Auftreten von Niederschlagsereignissen sind der globale Klima- und Landnutzungswandel. Die starken Veränderungen in der Landnutzung haben außerdem den Bodenwasserhaushalt nachteilig beeinflusst, insbesondere nehmen die (lateralen) Abflüsse stark zu und damit die tatsächliche Wasserspeicherkapazität ab. Die Klima- und die Landnutzungsänderungen verstärken sich dadurch gegenseitig.

Regionale Klimamodelle prognostizieren durch den globalen Temperaturanstieg tendenziell abnehmende Niederschläge sowie zunehmend häufigere und längere Trockenperioden in den Frühjahrs- und Sommermonaten in Bayern. Damit einher gehen häufigere und heftigere Starkregenereignisse mit gesteigerten Erosionseffekten bis hin zu Sturzfluten. Im Winter werden Niederschläge eher zunehmen. In vielen Landesteilen Deutschlands, einschließlich Bayerns, sind diese Prognosen bereits Realität geworden. Aufgrund des trockeneren und wärmeren Frühlings und Sommers setzt die Vegetationsperiode früher ein, die Verdunstung erhöht sich und

> **Der notwendige Strukturwandel ist eine Generationenaufgabe, die wegweisender Entscheidungen mit Weitsicht bedarf, Gewohnheiten infrage stellt, aber auch Neuland betritt und dadurch neue Chancen schafft.**

der Wasserbedarf der Ökosysteme steigt. Als Folge leert sich auch der Bodenwasserspeicher früher, was die Wasserverfügbarkeit für Flora und Fauna drastisch reduziert und zu sichtbaren Schäden führt.

Den Erfordernissen, die daraus resultieren, steht insbesondere die Landnutzung der vergangenen Jahrzehnte diametral gegenüber. Böden werden versiegelt, einer schützenden Vegetationsbedeckung beraubt, verdichtet und erodiert. Dadurch können sie Regen nicht mehr so rasch aufnehmen und weniger Wasser speichern. Gleichzeitig wurde durch Drainage der landwirtschaftlichen Flächen, Straßengräben, Verrohrungen, Begradigungen und Kanalisierung das Land stark entwässert. Vor allem die im Winter oder im Sommer als Starkregen fallenden Niederschläge werden dadurch rasch weggespült und sind nicht mehr für den Bodenwasserhaushalt und die Grundwasserneubildung nutzbar. Natürliche Rückhalteflächen wie Moore und Auen wurden weiträumig ihrer Funktionsfähigkeit beraubt. Aus diesen Gründen wird sich das Grundwasserdargebot insgesamt weiterhin verschlechtern. Setzt sich dieser Trend fort, werden die nutzbaren Grundwasservorräte, und damit auch Trinkwassergewinnungsanlagen mit kleinen Einzugsgebieten, nachhaltig beeinträchtigt.

Für Fließgewässer und Seen ist aufgrund dieser Veränderungen eine stärkere Fluktuation der Wasserstände zu erwarten, die mit einem Rückgang der Abflüsse einhergeht. Dies führt zu Verlandungen und Austrocknung sowie zu einer erhöhten Belastung durch Stoff- und Wärmeeinträge, da diese nicht ausreichend verdünnt werden. Daraus resultieren Probleme für die Gewässerökologie und die in Bayern favorisierte naturnahe Trinkwassergewinnung.

Angesichts der skizzierten Herausforderungen wird deutlich, dass sich die Probleme von morgen nicht allein mit den heutigen Methoden bewältigen lassen. Bisher lag dem gesellschaftlichen Umgang mit Wasser der Leitgedanke zugrunde, dass das natürliche Wasserdargebot relativ konstant vorliegt und für den gesellschaftlichen Bedarf technisch erschlossen wird. Der neue Leitgedanke muss sein: Landnutzungsänderungen und Klimawandel verändern den Wasserhaushalt massiv. Das Wasserdargebot ist weder eine Konstante noch sind seine Änderungen sicher vorhersagbar. Die Stärkung der Resilienz des natürlichen Wasserhaushalts ist daher Grundvoraussetzung für ein nachhaltiges Wasserressourcenmanagement.

Wasserbereitstellung unter veränderten Vorzeichen

Ein Umdenken in der Wasserbewirtschaftung ist in allen Sektoren notwendig. Die folgenden fünf Handlungsfelder sind besonders bedeutsam für diesen Wandel.

Speicherfähigkeit der Landschaft wiederherstellen: Der Boden ist der zentrale Filter und Puffer im Wasserhaushalt. Seine Funktionen sind zu erhalten und zu stärken. Hierfür gilt es, die Infiltration flächendeckend zu fördern und die Entwässerung in Wald und Flur zu reduzieren. Dies kann durch eine nachhaltige Anpassung der Landschaftsstruktur und Bodenbewirtschaftung mit Maßnahmen zur Verbesserung der Bodenstruktur, zum Humusaufbau und zur Vermeidung von Erosion und Verdichtung gelingen. Abgesehen von Sonderkulturen muss der Regenfeldbau in der Fläche auch weiterhin der Standard in Bayern sein, dafür sollte sich die Landwirtschaft an die Veränderungen durch innovative Methoden anpassen. Wälder sind weiter konsequent in klimaresiliente Mischwälder umzubauen.

Überregionale Speicherung und Verteilung des Wasserdargebots langfristig sichern: Die Grundpfeiler der überregionalen Verteilung von Wasser in Bayern von Süd nach Nord bleiben die Überleitung von Altmühl- und Donauwasser in das Regnitz-Main-Gebiet sowie die Fernwasserversorgung. Diese Verteilungs- und Speicherinfrastruktur muss zur Überbrückung von regionalen und technischen Engpässen optimiert werden.

Trinkwasserversorgung durch nachhaltigen Ressourcenschutz und Wasserversorgungsstrukturen sichern: An der kleinräumigen und ortsnahen Struktur der bayerischen Wasserversorgung sollte auch in Zukunft festgehalten werden. Diese ist aber durch leistungsfähigere kommunale Wasserversorgungsverbände und die Schaffung regionaler und überregionaler Versorgungsstrukturen zu stärken. Die bisherige bedarfsgerechte Verteilung von Wasserressourcen (Supply Management) muss durch eine Bewirtschaftung des Wasserverbrauchs (Demand Management) ergänzt werden. Die Minimierung von persistenten Stoffeinträgen in Fließgewässer und Seen verbessert nicht nur deren ökologische Funktion, sondern sichert nachhaltig auch die Funktion als Trinkwasserressource für die Uferfiltratgewinnung. Dafür sind kommunale Kläranlagen, die in solche Gewässer einleiten, mit einer weitergehenden Abwasserbehandlung auszustatten.

Klimaresiliente Siedlungen durch eine grüne und blaue Infrastruktur schaffen: Dafür ist konsequent das Schwammstadtkonzept für eine grüne und blaue Infrastruktur zu verfolgen und frühzeitig und umfassend in die kommunale Planung der Siedlungsentwicklung mit ihren Bezügen zur Bauleitplanung und Landschaftsplanung zu integrieren. Auf umfassende Behördenkooperation und Bürgerbeteiligung ist Wert zu legen.

Die Ökosystemfunktionen von Fließgewässern und Seen bewahren und wiederherstellen: Eine nachhaltige Entwicklung und Sicherung der Wasserbewirtschaftung ist nur möglich unter gleichzeitigem und gleichberechtigtem Einbezug von Ökologie, Ökonomie und Technik. Das Ziel der EU-Wasserrahmenrichtlinie (EU-WRRL) (3) eines ökologisch und chemisch guten Zustands der Gewässer ist angesichts des Klimawandels und der anthropogen überprägten Landschaften wichtiger denn je. Der ökologische Mindestwasserabfluss in Oberflächengewässern ist auch zu extremen Niedrigwasserzeiten sicherzustellen und andere Nutzungen sollten dann eingestellt werden. Ausreichend breite, dauerhafte Uferstreifen mit genügend Vegetation sind vorzusehen.

Nötige politische Weichenstellungen

Um diese Ziele zu erreichen, muss langfristig geplant und die Umsetzung nachhaltig gestaltet werden. Der notwendige Strukturwandel ist eine Generationenaufgabe, die wegweisender Entscheidungen mit Weitsicht bedarf, Gewohnheiten infrage stellt, aber auch Neuland betritt und dadurch neue Chancen schafft. Anpassungen im Wassersektor dauern Jahrzehnte und benötigen daher eine langfristig verlässliche und aufgestockte Ressourcenausstattung. Weitere Finanzierungsquellen für Mehrkosten sind Programme der EU, des Bundes oder des Landes sowie eine Anpassung bisheriger Förderinstrumente. Neben einem Wassercent eignen sich auch eine Anpassung der Abwasserabgabe oder andere verbrauchsbezogene Abgaben (analog einer CO_2-Steuer) als Steuerungsinstrumente. Diese Investitionen in landschaftsbezogene Maßnahmen amortisieren sich durch Resilienzsteigerung, Schadensvermeidung und viele weitere positive Effekte in Bereichen wie Gesundheit, Biodiversität oder Ertragsfähigkeit der Flure. Zum Erreichen eines guten ökologischen Zustands, wie ihn die EU-WRRL vorsieht, sind sie unerlässlich. _____

Anmerkungen

(1) Die Expert(inn)enkommission, berufen durch die Bayerische Staatsregierung, besteht aus acht Professor(inn)en der Technischen Universität München (Karl Auerswald, Markus Disse, Jörg E. Drewes, Annette Menzel, Stephan Pauleit, Peter Rutschmann und Theodor Strobl) und der Universität Stuttgart (Silke Wieprecht). Dieser Artikel beruht auf dem Bericht „Wasserversorgung in Bayern", den die Kommission im Sommer 2021 veröffentlicht hat.
(2) www.wasser.tum.de/fileadmin/w00bup/wasser/Expertenkommission_Bericht_Wasserversorgung_Bayern/Kommissionsbericht_Wasserversorgung_in_Bayern.pdf
(3) https://ec.europa.eu/environment/pubs/pdf/factsheets/wfd/de.pdf

Wie lautet Ihr persönlicher Mutmacher für die Umweltpolitik der 2030er-Jahre?
Für diese Herausforderungen bedarf es kreativer und stark vernetzter multidisziplinärer Teams!

Zum Autor

Jörg E. Drewes ist promovierter Umweltingenieur und leitet seit 2013 den Lehrstuhl für Siedlungswasserwirtschaft an der TUM. Er ist Sprecher der Expert(inn)enkommission für eine sichere Wasserversorgung der Bayerischen Staatsregierung und Mitglied des Wissenschaftlichen Beirats der Bundesregierung für Globale Umweltveränderungen (WBGU).

Kontakt

Prof. Dr. Jörg E. Drewes
Technischen Universität München (TUM)
E-Mail jdrewes@tum.de

Nachhaltige Bioökonomie und Kreislaufwirtschaft

Neues Drehbuch für die Transformation

Endliche Ressourcen unendlich machen – dafür steht das Konzept der zirkulären Wirtschaft. Zusammen mit der Bioökonomie kann sie einen echten ökonomischen Wandel voranbringen. Damit das gelingt, müssen Politik und Wissenschaft clevere Strategien entwickeln, plausible Erklärungen liefern und sie vor allem in neue sinnstiftende Erzählungen einbetten.

Von Sina Leipold und Machteld Catharina Simoens

Internationale Produkt- und Stoffströme haben in den vergangenen Jahrzehnten ständig zugenommen. Auf der ganzen Welt werden stetig mehr Kleidung, Möbel, Elektronik und andere Konsumgüter produziert, transportiert und konsumiert. Mit den Gütern wachsen die Umweltauswirkungen wie Treibhausgase, Wasserverbrauch oder Abfallberge. Auf der Suche nach Möglichkeiten, die Warenflüsse und ihre Folgen für die Umwelt zu minimieren, haben die Bioökonomie und die Kreislaufwirtschaft in Forschung, Politik und Praxis an Bedeutung gewonnen. Die Bioökonomie basiert auf der Nutzung nachwachsender statt fossiler Rohstoffe, zum Beispiel für die Herstellung von Treibstoffen, Verpackungs- oder Baumaterialien. Damit greift sie auf pflanzliche Rohstoffe wie etwa Mais zurück, die gleichzeitig Grundlage für unsere Nahrung sein können. Um dem möglichen Konflikt zwischen Nahrung und Rohstoffen zu begegnen, unterstützen viele Vertreter(innen) der Bioökonomie eine Kreislaufwirtschaft. Dahinter verbirgt sich die Idee, Rohstoffe möglichst häufig wieder zu verwenden, einzusparen oder zu recyceln. Ziel ist, die Umweltbelastungen von der Rohstoffgewinnung bis zur Abfallentsorgung zu minimieren, um sowohl Produktion als auch Konsum nachhaltig zu gestalten. Um eine ökologisch und sozial nachhaltige Bioökonomie und eine Kreislaufwirtschaft Wirklichkeit werden zu lassen, muss eine Vielzahl von Herausforderungen bewältigt werden. Drei davon werden im Folgenden näher erläutert.

Effektive Strategien für weniger Stoffströme finden

Ein wichtiger Schritt ist, sich mit den unzähligen Strategien auseinanderzusetzen, die eine Kreislaufwirtschaft zu bieten hat, und deren Wirksamkeit – also ihren ökologischen Nutzen – und ihre Anwendbarkeit zu prüfen. In Deutschland und international werden politisch derzeit vor allem altbekannte Strategien des Recyclings und effizienten Rohstoffeinsatzes debattiert. Innovative Ansätze der Kreislaufwirtschaft, wie das Wiederverwenden oder Teilen von Gütern zur Einsparung von Rohstoffen, sind hingegen weniger beliebt. Diese neuen Strategien können jedoch einen wesentlichen Beitrag dazu leisten, mögliche Zielkonflikte der Bioökonomie zu lösen. So treibt Deutschland beispielsweise politische Initiativen zur Reduzierung und Verwendung von Lebensmittelabfällen voran, um mithilfe von Kreislaufwirtschaft mehr Effizienz in diesem wichtigen Bioökonomie-Sektor zu erreichen. Gleichzeitig weist die Forschung darauf hin, dass im Lebensmittelsektor politische Strategien für eine nachhaltigere Ernährungsweise um ein Vielfaches besser geeignet wären, Umweltbelastungen einzuschränken. (1) Die Politik stützt sich also bisher nicht auf die wirksamsten Strategien. Wissenschaftliche Ergebnisse zeigen, dass das zu anhaltenden Konflikten und Frustration bei den beteiligten Akteur(inn)en führen kann.

Darüber hinaus ist es erforderlich – sowohl in der Forschung als auch in der Praxis, nicht nur die Effektivität einzelner zirkulärer Strategien zu analysieren. Auch ihr ökologischer Nutzen und ihre kontextspezifische Umsetzbarkeit sind zu gewichten. Eine der größten Herausforderungen ist das Fehlen einer systematischen Überwachung der Auswirkungen von Kreislaufwirtschaftsstrategien auf die Ressourcennutzung. Ein Grund für dieses Fehlen ist, dass es für existierende Kreislaufwirtschaftsindikatoren keine systematische Umweltbewertung gibt. Das bedeutet, dass die Messung der Zirkularität nicht mit der Messung der Umweltauswirkungen gleichzusetzen ist. Die Kreislaufwirtschaftsindikatoren könnten beispielsweise durch die

Integration von Messinstrumenten für ökologische Fußabdrücke entsprechend angepasst werden. Das würde erstmals eine Priorisierung der vielfältigen Strategien nach ökologischen Gesichtspunkten ermöglichen. Außerdem müssen solche Indikatoren und Messinstrumente auf der Grundlage der Bedürfnisse und Anforderungen lokaler Kontexte, etwa von Städten, entwickelt, gewichtet und umgesetzt werden. Eine solche Prioritätensetzung könnte durch transdisziplinäre Rahmenwerke und Aktivitäten unterstützt werden, die Akteuren aus Forschung, Politik und Praxis zusammenbringt. (2)

Einleuchtende Narrative helfen, Veränderungen umzusetzen

Für effektive Strategien und eine ökologische Priorisierung braucht es Kommunikation. Das Narrativ oder die erklärende Erzählung ist die wirkmächtigste Form der menschlichen Verständigung. Eine Erzählung schreibt sozialen oder physischen Phänomenen eine Bedeutung zu, indem sie eine Abfolge von Ereignissen zu einer Handlung verbindet und dabei Probleme, Akteurinnen und Akteure sowie deren Motive und Tun einbezieht, ausschließt und hervorhebt. Diese Darstellungsform bietet schließlich eine Moral von der Geschichte an, also eine bestimmte Handlungsanweisung oder Lösung. Narrative bestimmen daher, welche Lösungen wir entwickeln, um Kreislaufwirtschaft und Bioökonomie umzusetzen.

Das Narrativ, das die EU und andere globale Akteure wie China von der Kreislaufwirtschaft erzählen, ordnet die Ideen der Kreislaufwirtschaft und Bioökonomie im aktuellen wirtschaftlichen System ein. Es betont weiteres Wirtschaftswachstum, neue Geschäftsmöglichkeiten, die Entwicklung und Ausweitung von Märkten sowie die Vereinbarkeit wirtschaftlicher und ökologischer Ziele durch neue Technologien, die im Zuge einer Kreislaufwirtschaft entstehen. (3) Obwohl dieses Narrativ für die etablierten Akteurinnen und Akteure in Wirtschaft, Politik und Zivilgesellschaft bequem ist, da sie an ihrem aktuellen Tun wenig verändern müssen, ergaben Forschungen, dass es viele Nachteile hat. So verstärkt es beispielsweise Kämpfe um Macht, Verantwortung und Ressourcen auf nationaler und internationaler Ebene. Zudem führt es zu politischen Ergebnissen, die von vielen Interessensgruppen – sowohl etablierten als auch reformorientierten – als weitgehend ineffektiv oder als Ursache neuer Probleme bewertet werden. (4)

Neben dem Narrativ, das in Politik und Praxis vorherrscht, bietet die Forschung selbst unterschiedliche Erzählungen über die Kreislaufwirtschaft an. (5) Diese nehmen vor allem das Potenzial der Kreislaufwirtschaft für eine Transformation zur Nachhaltigkeit in den Blick. Einerseits gibt es ein optimistisches Narrativ, das die Kreislaufwirtschaft als essenziellen Treiber für Nachhaltigkeitstransformationen beschreibt. Andererseits gibt es ein skeptisches Narrativ, das den Nutzen der Kreislaufwirtschaft für den Wandel zur Nachhaltigkeit insgesamt infrage stellt. Letzteres geht davon aus, dass Kreislaufwirtschaft das aktuelle, auf Wachstum fokussierte Wirtschaftsmodell mit allen negativen Konsequenzen für Umwelt und Mensch weiterführt. Zwischen den beiden gibt es ein reformistisches Narrativ, das davon ausgeht, dass Kreislaufwirtschaft Transformationspotenzial hat, aber nur, wenn bestimmte Bedingungen erfüllt sind, etwa die Berücksichtigung sozialer Aspekte. Die unterschiedlichen Forschungsnarrative zur Kreislaufwirtschaft bestimmen die Wahl des Forschungsthemas, der Daten und Forschungsfragen sowie die politischen Empfehlungen, die daraus entwickelt werden. Die Unterschiede in den wissenschaftlichen Grundannahmen werden bisher wenig diskutiert, was zu Doppeldeutigkeit und widersprüchlichen Ratschlägen führt. Eine bessere Auseinandersetzung über die Forschungs- und Praxisnarrative wäre nicht nur für Umsetzung und Bewertung der Kreislaufwirtschaft hilfreich. Sie wäre auch für eine fruchtbare Kommunikation zwischen Wissenschaft und Politik entscheidend. Denn die sinnstiftenden Erzählungen helfen, die Vielfalt wissenschaftlicher Ergebnisse zu strukturieren, zu vergleichen, und politisch zu bewerten.

Ein wichtiger Schritt für den Erfolg einer nachhaltigen Kreislaufwirtschaft und Bioökonomie ist die Entwicklung neuer politischer Narrative, die den Status quo infrage stellen und Alternativen aufzeigen. Anders als in der Wissenschaft herrscht in der Politik ein Narrativ vor, das die Ideen der Kreislaufwirtschaft und Bioökonomie im aktuellen wirtschaftlichen System einordnet. Für eine erfolgreiche Transformation wäre es nur begrenzt tauglich. Deshalb sind neue Botschaften notwendig, die stärker Gedanken für den wirtschaftlichen und gesellschaftlichen Wandel transportieren. Solche Narrative könnten die Ideen der Kreislaufwirtschaft und Bioökonomie mit anderen Konzepten der Wirtschaftstransformation verbinden, etwa Postwachstum oder Suffizienz. Um neue sinnstiftende Erzählungen zu entwickeln, ist es unerlässlich, Anfechtung, Verhandlung und gegenseitiges Verständnis von Unterschieden zwischen beteiligten Akteur(inn)en zuzulassen sowie eigene normative Positionen zu reflektieren und zu äußern. Auf dieser Basis lassen sich dann Identität und Vertrauen schaffen, die Grundvoraussetzung für eine gemeinsame Erzählung über das Wirtschaften der Zukunft sind.

Wer profitiert, wer verliert in einer zirkulären Wirtschaft?

Das Potenzial einer Kreislaufwirtschaft für den gesellschaftlichen Wandel zur Nachhaltigkeit hängt weitgehend von den beteiligten Akteur(inn)en und ihren Praktiken ab. Studien haben gezeigt, dass vermeintliche Verlierer(innen) von Maßnahmen für eine Kreislaufwirtschaft die politischen Prozesse limitieren und das aktuelle, eingeschränkte Narrativ aufrechterhalten. (6) Ohne die Ursachen dieses Widerstands anzugehen, werden neue Maßnahmen kaum durchsetzbar sein oder von ihren Gegner(inne)n, zum Beispiel Unternehmen fossiler Energien oder Teilen der verarbeitenden Industrie, untergraben werden. Daher ist es wichtig, sowohl die Gewinner(innen) als auch die Verlierer(innen) einer Kreislaufwirtschaft und Bioökonomie mit in Betracht zu ziehen. Der entscheidende Punkt ist eine faire Verteilung von Kosten und Nutzen. Daher erfordert eine erfolgreiche Transformation hin zu einer Kreislaufwirtschaft neben neuen, vertrauensbildenden Narrativen auch Strategien, die auf die Ängste und Konflikte der Akteurinnen und Akteure eingehen und die Verlierer des Wandels nicht außer Acht lassen.

Um diese und viele weitere Herausforderungen einer ökologisch und sozial nachhaltigen Kreislaufwirtschaft und Bioökonomie bewältigen zu können, ist ein gemeinsames Vorgehen verschiedener Interessensgruppen notwendig. Das kann durch die Wissenschaft mit transdisziplinären Methoden und Ansätzen wie Reallabore, Szenario-Bildung oder Zukunftsworkshops unterstützt werden. Daraus entsteht womöglich eine gemeinsame Erkenntnisproduktion von Wissenschaft und Gesellschaft. Aus diesem Wissenspool lassen sich ökologisch effektive Strategien eruieren und priorisieren. Dabei gilt es, lokale, soziale und politische Kontexte zu beachten, bestehende Narrative zur Bioökonomie und Kreislaufwirtschaft aufzudecken, verschiedene Interessensgruppen zusammenzubringen und Optionen zum Interessensausgleich zu eröffnen. ⎯⎯

Anmerkungen

(1) Helander, H. et al. (2021): Eating healthy or wasting less? Reducing resource footprints of food consumption. Environmental Research Letters.

(2) Petit-Boix, A. / Leipold, S. (2018): Circular economy in cities: Reviewing how environmental research aligns with local practices. Journal of Cleaner Production.

(3) Luo, A. et al. (2021): Why common interests and collective action are not enough for environmental cooperation. Lessons from the China-EU cooperation discourse on circular economy. Global Environmental Change.

(4) Simoens, M. / Leipold, S. (2021): Trading radical for incremental change. The Politics of a circular economy transition in the German packaging sector. Journal of Environmental Policy and Planning.

(5) Leipold, S. et al. (2021): Lessons, narratives, and research directions for a sustainable circular economy. Researchsquare.

(6) Leipold, S. (2021): Transforming ecological modernization 'from within' or perpetuating it? The circular economy as EU environmental policy narrative. Environmental Politics.

Wie lautet Ihr persönlicher Mutmacher für die Umweltpolitik der 2030er-Jahre?

b) "When a flower doesn't bloom, you fix the environment in which it grows, not the flower" – A. den Heijer

Zu den Autorinnen

a) Sina Leipold ist Professorin für Umweltpolitik an der Friedrich-Schiller-Universität Jena und leitet das Department Umweltpolitik am Helmholtz-Zentrum für Umweltforschung Leipzig.

b) Machteld Catharina Simoens ist wiss. Mitarbeiterin und Doktorandin an der Universität Freiburg.

Kontakt

Prof. Dr. Sina Leiphold
Friedrich-Schiller-Universität Jena
E-Mail sina.leipold@ufz.de

Machteld Catharina Simoens
Universität Freiburg
E-Mail
machteld.simoens@transition.uni-freiburg.de

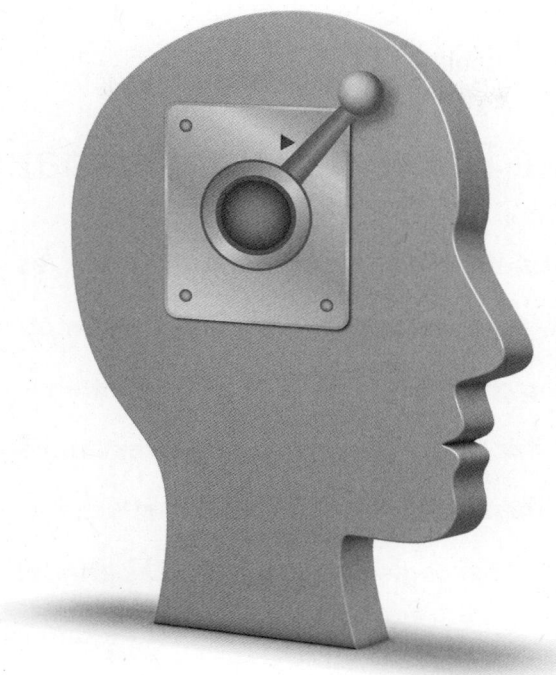

HEBELWIRKUNGEN

Vorgeblich sind alle dafür, in der Praxis hapert es
jedoch gewaltig mit der Transformation in Richtung Nachhaltigkeit. Kaum jemand ist bereit, die
grundlegenden Paradigmen und Logiken unserer
Überflussgesellschaft infrage zu stellen oder gar
zu verändern. Umweltpolitik hat daher noch eine
Menge dicke Bretter zu durchbohren. – Wie wird
das Weniger attraktiv? Welches Rollenverständnis
braucht Umweltpolitik im 21. Jahrhundert? Wie
gelingt kollektives transformatives Lernen?

Zur Zukunft der Umweltpolitik

Die gläserne Decke der Transformation

Staatliches Handeln erhält Zustimmung, wenn es auf äußere Krisen reagiert, wird aber zum Feindbild, wenn es ökologische Katastrophen durch einschränkende Maßnahmen zu verhindern versucht. Kann der Staat erst dann angemessene Transformationspolitik betreiben, wenn sich unsere Gesellschaft schon sozial, wirtschaftlich und ökologisch im freien Fall befindet?

Von Daniel Hausknost

▬▬▬Moderne Staaten stehen heute vor einer kolossalen Transformationsaufgabe. Die sich rapide verschärfende Klimakrise droht Teile des Planeten schon in wenigen Jahrzehnten unbewohnbar zu machen. (1) Werden kritische Kipppunkte im Klimasystem überschritten, steht die menschliche Zivilisation insgesamt auf dem Spiel. Zudem befinden wir uns in einer dramatischen Biodiversitätskrise, die erdgeschichtlich bereits als das sechste Massensterben eingeordnet wird. Die politischen Entscheidungen der kommenden zwanzig bis dreißig Jahre könnten das Schicksal der Menschheit für Jahrtausende prägen. Ob die Menschheit an den Rand ihres Aussterbens gedrängt wird oder sich einen Überlebenskorridor auf einem deutlich unwirtlicheren und biologisch einsameren Planeten sichern kann, hängt davon ab, wie schnell und entschlossen die Industrienationen die Nachhaltigkeitstransformation umsetzen. Die herkömmliche Funktionslogik moderner (demokratischer wie autoritärer) Staaten ist jedoch nicht auf diese Art von Aufgabe ausgelegt. Vielmehr kann der Staat selbst als das institutionelle Produkt einer materiell-energetisch entgrenzten Gesellschaftsform – der Industriegesellschaft – gelten. Der moderne Staat ist mit dem fossilen Energiesystem ko-evoluiert und funktional darauf ausgerichtet, eine expansive Ökonomie zu verwalten, die Bedingungen ihrer weiteren Expansion zu gewährleisten und die aus ihr resultierenden sozialen Konflikte über staatliche Verteilungsmechanismen zu bearbeiten.

Umweltschutz als die Reparatur und Eindämmung einiger der negativen ökologischen Folgen der Industriemoderne wurde erst relativ spät als weitere Kernaufgabe des Staates in das institutionelle Gefüge integriert. Vor etwa einem halben Jahrhundert haben moderne Industriestaaten damit begonnen, die dringendsten ökologischen Schäden der sich rasant entwickelnden Konsum- und Industriegesellschaften durch umweltpolitische Maßnahmen abzufedern. Dies geschah auf Druck einer zunehmend kritischen Öffentlichkeit, die von Teilen der Wissenschaft unterstützt wurde (vgl. S. 16 ff.). Diese erste Phase des – hauptsächlich technikzentrierten – staatlichen Umweltschutzes kann durchaus als Erfolgsgeschichte gelesen werden: Die unmittelbare Umwelt der meisten Bürger(innen) westlicher Industrienationen konnte innerhalb weniger Jahrzehnte von aggressiven Umweltgiften, Smog und saurem Regen befreit werden. Viele Flüsse, die noch Anfang der 1980er-Jahre aufgrund der Einleitung von Industrieabwässern nahezu tot waren, haben heute wieder eine gute Wasserqualität und führen eine Vielzahl an Fischarten. Es gibt Nationalparks und Naherholungsräume und die sichtbare Umwelt der Bürger(innen) macht vielerorts einen sauberen und ästhetisch erbaulichen Eindruck. Dem Staat ist es gelungen, die »Umwelt« als die naturnahe Komponente der Lebenswelt seiner Bürger(innen) zu sanieren.

Leben in der hochenergetischen und hypermaterialisierten Blase

Damit hat er sie aber auch zunehmend von ihrer erdsystemischen Eingebundenheit entkoppelt, denn in derselben Zeit, in der der Staat unsere Lebenswelt ökologisch saniert hat, hat sich unser energetischer und materieller Fußabdruck vervielfacht (2): Wir konsumieren immer mehr in immer kürzerer Zeit, aber in einer heimischen Umwelt, in der die Spuren unseres Konsums weitgehend getilgt sind. Unsere Emissionen sind für uns so unsichtbar wie die Übersäuerung der Meere, die Rodung der Regenwälder und das rasante Artensterben, das wir mit unserem Konsum global verursachen. Wir sind heute in eine scheinbar saubere, überwiegend angenehme Lebenswelt eingebettet, in der die modernen Ansprüche auf ein hohes Konsumniveau, individuelle Freiheiten, berufliche Zukunftsoffenheit und eine für unsere Erlebens- und Freizeitbedürfnisse optimierte Natur gemeinsam erfüllt sind. Wir brausen mit unserem (Hybrid-)SUV zum Langlaufen oder Kajakfahren an idyllische Orte und grillen unser Steak im üppigen Garten, während wir zufrieden die Vögel auf den Bäumen beobachten. Wir haben es in unserem Einfamilienhaus behaglich warm, während wir die neueste Doku über den Planeten Erde streamen. Und wir erwarten vom Staat, dass er all das ermöglicht und offenhält: ein Leben in einer hochenergetischen und hypermaterialisierten Blase, in der wir die Umwandlung von Energie, die Produktion von Entropie als Lebensgefühl genießen können, ohne von den unansehnlichen ökologischen (und sozialen) Folgen behelligt zu werden.

> **„ Der Staat müsste unsere Abhängigkeit von globalen Stoff- und Energieströmen rasch reduzieren und damit genau jene Legitimitätsgewinne preisgeben, die er sich über die Strategie des Umweltschutzes erarbeitet hatte. „**

Die Legitimationsfunktion staatlichen Umweltschutzes beruht also auch darauf, uns von den ökologischen Folgen unserer eigenen Lebens- und Produktionsweise abzuschirmen, ein vermeintlich »sauberes« Staatsgebiet mit einer scheinbar »intakten« Umwelt zu gewährleisten, und die negativen Konsequenzen unserer Gesellschaftsform möglichst zu externalisieren und in abstrakte, nicht direkt wahrnehmbare Wissenskategorien umzuwandeln. So erfahren wir etwa von der rasanten Zerstörung des Amazonaswaldes über die Medien, ohne diese Information direkt in die Erfahrung des dafür mitverantwortlichen Steakessens überführen zu müssen. (3) Das Steakessen ist gesichert: durch Konsum- und Werbefreiheit, globale

Lieferketten und staatliche Subventionen für Viehzucht und Fleischindustrie. Das Schicksal des Amazonas ist nun eine ethische, abstrakte Frage, die nicht direkt etwas mit unserer Erfahrungswelt zu tun hat. Der Umstand, dass unsere tierischen Lebensmittel – vom Steak über Milch und Käse bis zu den Hühnereiern – über transatlantische Stoffströme direkt an den Sojaanbau im Amazonasbecken gekoppelt sind, wird von der staatlichen Umweltpolitik nicht sanktioniert, kaum einmal thematisiert.

Schwer beherrschbare Rechtfertigungsspirale

An diesem Beispiel zeigt sich ein Grundproblem jedweder staatlichen Transformationspolitik: Um die Doppelkrise der Klimaerhitzung und des Artensterbens in den Griff zu bekommen, müsste der Staat die energetisch-materielle Blase aufstechen, in die unsere Lebenswelt eingebettet ist. Er müsste unsere Abhängigkeit von globalen Stoff- und Energieströmen rasch reduzieren und damit genau jene Legitimitätsgewinne preisgeben, die er sich über die Strategie des Umweltschutzes erarbeitet hatte. Wenn nun der Staat durch politische Entscheidungen die Konsumvielfalt spürbar reduziert, oder das Preisniveau nicht nachhaltiger Waren und Dienstleistungen deutlich anhebt, gerät er jedoch in eine schwer beherrschbare Rechtfertigungsspirale. Denn nun muss der Staat akut empfundene Einbußen und Verschlechterungen in der Lebenswelt seiner Bürger(innen) mit den noch relativ abstrakten künftigen Bedrohungen dieser Lebenswelt durch den Klimawandel begründen. Der Staat – und nicht etwa der Klimawandel oder das Gesellschaftssystem schlechthin – wird dann als Urheber einer sich verschlechternden Lebenswirklichkeit wahrgenommen und zieht den Zorn und die Frustration großer Bevölkerungsteile auf sich. Die aktuellen politischen Konflikte und Massenproteste rund um die Maßnahmen zur Eindämmung der Covid-19-Pandemie führen diesen Mechanismus von Wirklichkeitskonstruktion deutlich vor Augen: Für viele Menschen ist nicht das Virus als objektive Bedrohung für den zeitweiligen Verlust von Freiheit verantwortlich, sondern der Staat, der diese Einschränkungen verordnet. Ebenso gingen 2019 in Frankreich Tausende Menschen im Zuge der sogenannten Gelbwesten-Proteste gegen die Regierung auf die Straße, als sie eine Kohlenstoffsteuer einführen wollte. Denn egal wie niedrig die Steuer auch war: die kausale

Verbindung einer Preiserhöhung zur Regierungselite in einer Zeit, die ohnehin von sozialer Ungleichheit geprägt ist, führte zu einer radikalen Politisierung dieser Entscheidung entlang ideologischer Konfliktlinien. Ein Ölpreisanstieg am Weltmarkt bewirkt hingegen keinerlei Proteste, denn er ist mit keiner identifizierbaren politischen Verantwortung verbunden.

Der staatliche Umweltschutz hat sich dieser Legitimationsklemme bislang erfolgreich entwunden, indem er nur Maßnahmen gesetzt hat, die direkt zu einer wahrnehmbaren Verbesserung der Lebenswelt beitrugen, oder indem er die Veränderungslast von sich gewiesen und an die private Sphäre individuellen Verhaltens oder freiwilliger Industriestandards relegiert hat. Die typische Strategie der zweiten Phase des Umweltschutzes – jener der „nachhaltigen Entwicklung" – war demnach gekennzeichnet von nahezu umfassender Wirkungslosigkeit auf der erdsystemischen Ebene. Es wurden ökologische Konsumnischen und effizientere Technologien geschaffen, die jedoch weder das Emissionsniveau spürbar senken, noch das Artensterben bremsen konnten (vgl. S. 84 ff.).

Die operativen Grenzen des Staats

Es lässt sich somit eine Art gläserne Decke der Transformation an der Stelle beobachten, an der staatliches Handeln direkt für eine Verschlechterung lebensweltlicher Erfahrung verantwortlich gemacht werden kann. Der moderne, auf Massenlegitimität angewiesene Staat ist einem speziellen Mechanismus der Wirklichkeitskonstruktion unterworfen. Er behält seine Legitimität, solange er auf äußere Krisen reagiert und als Krisenmanager die bedrohte Lebenswelt der Bürger(innen) vor schwerem Schaden schützt; sobald er aber selbst diese Lebenswelt durch antizipative Transformationsmaßnahmen »bedroht«, gerät seine institutionelle Ordnung ins Wanken. Der Staat ist toll, wenn er die Armee zur Bekämpfung von Waldbränden und Überschwemmungen schickt, aber er wird zum Feindbild, wenn er diesen Katastrophen durch einschränkende Maßnahmen vorzubeugen sucht. Der Staat wird also möglicherweise erst dann ernsthafte und angemessene Transformationspolitik betreiben können, wenn sich die subjektive Lebenswelt seiner Bürger(innen) durch Klimachaos, wirtschaftliche Dauerkrise und drohende Verelendung bereits im freien Fall befindet. Dann jedoch könnte es für die Vermeidung entscheidender Kipppunkte im Klimasystem bereits zu spät sein. Die reaktive Natur des Staates lässt jedoch den spekulativen Weg offen, ihn »von außen« zu effektiver Transformationspolitik zu zwingen. Dafür bedürfte es aber Formen der zivilgesellschaftlichen Mobilisierung und des zivilen Ungehorsams, die derzeit noch nicht absehbar sind und die weit über freitägliches Schuleschwänzen hinausgehen müssten. Und es bräuchte wohl neuer demokratischer Institutionen, die den Staat zu vehementem Transformationshandeln verpflichten könnten. Es ist anzunehmen, dass die kommenden Herausforderungen von Konflikthaftigkeit geprägt sein und den Staat an seine operativen Grenzen bringen werden. Eine tragische Fehleinschätzung der Lage bestünde wohl darin, sich auf die Transformationsfähigkeit des Staates zu verlassen und zu hoffen, dass die Handelnden rechtzeitig das Richtige tun werden. ——

Anmerkungen

(1) Xu, C. et al. (2020): Future of the human climate niche. In: PNAS 117 (21), S. 11.350–11.355.
(2) Lenzen, M. et al. (2021): Implementing the material footprint to measure progress towards Sustainable Development Goals 8 and 12. In: Nature Sustainability.
(3) Lessenich, S. (2016): Neben uns die Sintflut. Die Externalisierungsgesellschaft und ihr Preis. Berlin.
(4) Mehleb, R. I. et al. (2021): A discourse analysis of yellow-vest resistance against carbon taxes. In: Environmental Innovation and Societal Transitions (40), S. 382–394.
(5) Hausknost, D. (2020): The environmental state and the glass ceiling of transformation. In: Environmental Politics 29 (1), S. 17-37.

Wie lautet Ihr persönlicher Mutmacher für die Umweltpolitik der 2030er-Jahre?
Ein wenig Mut macht mir, dass jedem Zusammenbruch ein Neubeginn innewohnt.

Zum Autor
Daniel Hausknost ist Assistenzprofessor am IGN der Wirtschaftsuniversität Wien, wo er zur ökologischen Transformationsfähigkeit moderner Gesellschaften forscht. Er promovierte in Politikwissenschaft und ist Mitherausgeber der Zeitschrift GAIA – Ökologische Perspektiven für Wissenschaft und Gesellschaft.

Kontakt
Dr. Daniel Hausknost
Wirtschaftsuniversität Wien
Institut für Gesellschaftswandel und Nachhaltigkeit (IGN)
E-Mail daniel.hausknost@wu.ac.at

Klimaneutralität und Konsum

Das Weniger attraktiv machen

Die durch unseren Konsum verursachten Treibhausgasemissionen sind weiterhin deutlich zu hoch. Technische Ansätze allein reichen nicht, um nachhaltige Konsummuster flächendeckend zu realisieren. Dafür braucht es vielmehr klug gesetzte politische Rahmenbedingungen.

Von Laura Spengler und Sylvia Lorek

Im Moment verursacht jede(r) Deutsche durch den Konsum durchschnittlich Emissionen von 11,2 Tonnen CO_2-Äquivalenten pro Jahr. Enthalten sind darin vor allem Emissionen aus der Wärmeerzeugung, Stromproduktion, Mobilität, Nahrungsmittelherstellung und zahlreichen sonstigen Gütern. Sie teilen sich auf in direkte Emissionen, die zum Beispiel durch die Nutzung von Verbrennungsmotoren entstehen, und indirekte Emissionen, die bei der Güterproduktion im In- und Ausland erzeugt werden. Für das Ziel der Klimaneutralität darf bis Mitte des Jahrhunderts jede(r) Deutsche durchschnittlich nur noch weniger als eine Tonne CO_2-Äquivalente verursachen. (1) Seit Mai 2021 ist im weiterentwickelten Nationalen Programm für nachhaltigen Konsum der Bundesregierung das Ziel enthalten, den konsumbezogenen Ausstoß von Treibhausgasen pro Person bis 2030 zu halbieren. Dieses ambitionierte Ziel bedarf wirksamer Maßnahmen, die über die derzeitigen Vorschläge hinausgehen.

Konsum ist die Aneignung, Nutzung und Entsorgung von Gütern und Dienstleistungen zur individuellen Bedürfnisbefriedigung. Er umfasst verschiedene Bedürfnisfelder wie etwa Wohnen, Mobilität und Ernährung. Nachhaltig ist Konsum dann, wenn er unter Einhaltung der planetaren Grenzen dauerhaft global verallgemeinerbar ist. Das heißt, dass überall und auch in Zukunft alle Menschen auf eine solche Art und Weise leben können. Neben Umweltaspekten berücksichtigt nachhaltiger Konsum soziale Aspekte wie die Arbeitsbedingungen der Beschäftigten in der Wertschöpfungskette von Produkten. Umweltschädlicher Konsum ist auch unsozial, weil er den Lebensgrundlagen aller Menschen schadet. Im Hinblick auf das Klima ist Konsum dann nachhaltig, wenn er nicht mehr Treibhausgase verursacht, als wieder abgebaut werden können.

Grenzen der Technik

Um nachhaltigen Konsum zu erreichen, müssen verstärkt auch nicht technische Lösungen in den Blick genommen werden, die auf ein Weniger zielen. Dies wird häufig mit dem Begriff Suffizienz beschrieben. Zwar ist die Umsetzung technischer Ansätze beim Konsum wie die Wärmedämmung von Gebäuden weiterhin dringend notwendig. Andererseits geht es bei vielen sogenannten Big Points, den wichtigsten Hebeln für nachhaltigen Konsum, auch um weniger: weniger Fliegen, kein eigenes Auto besitzen, den Konsum tierischer Lebensmittel reduzieren, Produkte möglichst lange nutzen. Damit sich dies gut vermitteln lässt, ist es wichtig, attraktive Alternativen anzubieten, die beispielsweise in Mischformen aus intelligenten organisatorischen Lösungen und Suffizienz bestehen, wie beim Carsharing. Weniger umweltschädlicher Konsum bedeutet daher nicht weniger Wohlstand, sondern kann im Gegenteil die Lebensqualität erhöhen durch weniger Lärm, mehr Platz in Städten und gesündere Ernährung.

Eine Politik, die allein auf technische Lösungen für den Umweltschutz setzt, stößt früher oder später an verschiedene Grenzen. Manche Ressourcenprobleme sind schlicht technischen Lösungen nicht zugänglich. Dazu gehören die Überfischung der Meere und die Zunahme der weltweiten Tierbestände, um unseren hohen Bedarf an tierischen Lebensmitteln zu decken. Hier helfen nur Beschränkungen, die sich letztlich auf die Menge der konsumierten tierischen Produkte auswirken.

Aber auch wo umweltfreundlichere Technologien zur Verfügung stehen, sind diese nicht beliebig skalierbar. Grenzen bestehen auch durch eine eingeschränkte Anzahl

„ Weniger umweltschädlicher Konsum bedeutet nicht weniger Wohlstand, sondern kann im Gegenteil die Lebensqualität erhöhen durch weniger Lärm, mehr Platz in Städten und gesündere Ernährung. "

geeigneter Standorte, benötigte Ressourcen, negative Auswirkungen der Technologien und die Zielkonflikte, die sich daraus ergeben. Für den Ausbau der Windenergie ist die zentrale Herausforderung die Verfügbarkeit von Flächen. Der Ausbau führt schon jetzt zu Konflikten mit Anwohnern und Naturschützerinnen. Der Rohstoffabbau für die Elektromobilität hat Umweltverschmutzung und Wasserknappheit in den Herkunftsländern zur Folge. Biobasierte Brennstoffe brauchen Fläche zum Wachsen, werden teilweise unter hohem Pestizideinsatz angebaut und konkurrieren mit der Nahrungsmittelproduktion oder Flächen, die als CO_2-Senken benötigt werden.

Daher müssen technische Ansätze mit Maßnahmen gekoppelt werden, die den Ressourcen- und Energieverbrauch auch absolut senken. Die Energieeffizienz oder allgemein die Ökoeffizienz zu erhöhen, ist ein wichtiger Ansatz, allerdings ein relativer: Effizienz ist das Verhältnis zwischen Nutzen und Aufwand, im Umweltbereich zwischen Nutzen und negativen Umweltwirkungen. Effizienzmaßnahmen können daher nicht verhindern, dass absolut gesehen Umweltwirkungen trotzdem zu hoch sind. Außerdem können sie Reboundeffekte zur Folge haben (vgl. S. 46 ff.). Das Umweltbundesamt hält daher ein erhebliches Absenken des Endenergieverbrauchs um etwa 55 Prozent bis 2045 gegenüber 2018 für nötig. (2)

Einige wichtige Maßnahmen, um Umweltwirkungen auch absolut zu senken, gibt es bereits, zum Beispiel den EU-Emissionshandel und die Bepreisung von CO_2. Diese beschleunigen, sofern die Preise hoch genug sind, nicht nur das Abschalten alter Technologien, sondern haben auch das Potenzial, durch höhere Kosten klimaschädlicher Handlungen Veränderungen auf der Nachfrageseite zu bewirken. Allein auf ökonomische Instrumente zu setzen, reicht jedoch nicht aus, da dies zu sozialen

Verwerfungen führen würde. Zudem beeinflussen weitere Rahmenbedingungen wie die Infrastruktur und das Angebot nachhaltiger Alternativen die Handlungen von Verbraucher(inne)n.

Nachfrageorientierte Lösungen auf dem Vormarsch

Das verbleibende globale Budget für die Begrenzung der globalen Erwärmung auf 1,5 Grad von 400 Gigatonnen CO_2-Äquivalenten gerechnet ab Januar 2020 schwindet mit alarmierender Geschwindigkeit. Denn die derzeitigen weltweiten Klimaschutzpläne implizieren globale Emissionen, die deutlich darüber hinausgehen, und treiben die Gesellschaft in eine Zukunft, die durch Instabilität und knappe Ressourcen gekennzeichnet ist. Dementsprechend beinhalten die Projektionen der Generaldirektion Klimapolitik der EU-Kommission (3) zum Erreichen der Klima- und Energieziele für 2050 neben vielen technischen auch das 1.5 LIFE-Szenario. Darin werden existierende Trends unter den Verbraucher(inne)n durch politische Maßnahmen unterstützt: eine stärker pflanzenbasierte Ernährung, Sharing-Angebote im Verkehrsbereich und eine rationelle Nutzung der Energienachfrage für Heizung und Kühlung. Das ist ein bemerkenswerter Schritt in der Szenariomodellierung, wo Annahmen über Nachfrageverschiebungen bisher oft fehlten. (4) Auch in den Modellierungen des Umweltbundesamts ist nur das Szenario, das alle verfügbaren Klimaschutzmaßnahmen einschließlich nachhaltigerer Lebensweisen vereint, auf einem 1,5-Grad-Pfad. (5) Außerhalb der Europäischen Union ist die Notwendigkeit eines nachfrageseitigen Wandels inzwischen ebenfalls weitgehend anerkannt. Der Bericht des Umweltprogramms der Vereinten Nationen über die Emissionslücke 2020 enthält ein Kapitel über kohlenstoffarme Lebensstile, und der kommende 6. Sachstandsbericht (AR6) des Weltklimarats (Intergovernmental Panel on Climate Change, IPCC) wird der Nachfrageseite der Eindämmung des Klimawandels ein ganzes Kapitel widmen.

Der Beitrag von Verbraucher(inne)n, ihren eigenen ökologischen Fußabdruck zu reduzieren, ist sehr wichtig, denn eine gesellschaftliche Transformation lässt sich nicht einseitig »von oben« steuern. Da individuelles Handeln aber innerhalb der gesellschaftlichen Strukturen stattfindet, muss nachhaltiger Konsum politisch flankiert werden.

Dass die Klimaszenarien zunehmend veränderte Konsummuster mit abbilden, ist daher ein wichtiger Schritt, damit die Notwendigkeit dieser Veränderungen auch bei politischen Akteur(inn)en deutlich wird. Politische Rahmenbedingungen beeinflussen Konsumentscheidungen auf vielfältige Weise. So hat der politisch gewollte Umbau zu autogerechten Städten erst dazu geführt, dass das eigene Auto zur Selbstverständlichkeit und Alternativen schlechter verfügbar wurden. Andere Beispiele sind die unterschiedlichen Mehrwertsteuersätze auf verschiedene Güter, Werbeverbote für Tabakprodukte oder auch Prämien und Förderprogramme, die den Konsum bestimmter Güter oder Dienstleistungen gezielt ankurbeln sollen.

Angesichts der erheblichen Risiken und bereits jetzt teils katastrophalen Wirkungen des Klimawandels ist es in einer liberalen Gesellschaft nicht nur möglich, sondern sogar dringend geboten, hier gezielter Einfluss zu nehmen. Es ist auch eine Frage der Gerechtigkeit: Die Konsummuster der Gruppen mit hohem Einkommen tragen im internationalen Vergleich und auch in Deutschland sehr viel stärker zum Klimawandel bei als die von Menschen mit niedrigem Einkommen. Letztere werden jedoch von den Auswirkungen härter getroffen.

An verändertes Verbraucherverhalten kommunikativ anknüpfen

Strategien für nachhaltige Mobilität sehen vor allem vor, verkehrsbedingte Emissionen durch erschwingliche, leicht zugängliche, gesündere und sauberere Verkehrsalternativen zu verringern. In der Praxis setzt die Politik bislang hauptsächlich auf technische Lösungen wie saubere Fahrzeuge und alternative Kraftstoffe. Sinnvoller wäre es, die Mobilität in den Mittelpunkt der Verkehrspolitik zu stellen, nicht das Auto. Hierzu gehört eine umfassende Nahversorgungsstrategie insbesondere im ländlichen Raum, die Wege und Weglängen reduziert. Weitere Maßnahmen sind, Parkplätze und Fahrstreifen zugunsten von Rad- und Fußverkehr sowie Freiflächen zu reduzieren. Auch ein Moratorium für neue Autobahnen, Straßenausbau und Flughäfen könnte – verbunden mit einer massiven Förderung des Umweltverbunds – helfen, langfristige Fehlinvestitionen zu vermeiden.

Beim Thema Wohnen konzentriert sich vieles auf die Verringerung des Energieverbrauchs des Gebäudebestands. Sinnvoll wären zusätzlich Anreize zur Verringerung der Pro-Kopf-Wohnfläche, zum Beispiel finanzielle Unterstützung bei der baulichen

Teilung von Einfamilienhäusern oder Beratungsangebote zum Abbau von Barrieren für den Umzug in kleinere Wohnungen und zur Schaffung von gemeinschaftlich genutzten Flächen. So können Wohnraummangel und Flächenknappheit in Städten angegangen, die aktuell steigende Wohnfläche pro Kopf reduziert und die Wohnqualität erhöht werden.

> **Es ist auch eine Frage der Gerechtigkeit: Die Konsummuster der Gruppen mit hohem Einkommen tragen im internationalen Vergleich und auch in Deutschland sehr viel stärker zum Klimawandel bei als die von Menschen mit niedrigem Einkommen.**

Für eine gesunde und umweltverträgliche Ernährung ist ein Umstieg auf eine stärker pflanzenbasierte Kost notwendig. Für diese Proteinwende sollten die Lebensmittelpreise stärker die Umwelt- und Klimakosten abbilden (vgl. S. 52 ff.). Eine Ernährung mit hohem Anteil pflanzlicher Lebensmittel würde dadurch günstiger. Zudem sollte unter anderem in der Gemeinschaftsverpflegung das Angebot an attraktiven pflanzlichen Gerichten deutlich ausgebaut werden, auch durch Weiterbildung des Personals.

Zwar haben sich durch die Covid-19-Pandemie teilweise gegenläufige Trends wie die vermehrte Nachfrage nach dem eigenen Auto oder Haus mit Garten verstärkt. Andererseits sind die Umstände der modernen Güter- und Nahrungsmittelproduktion sichtbarer und lange Anreisen zu kurzen Terminen weniger akzeptabel geworden, zugunsten höherer Lebensqualität. An diese Erfahrungen gilt es, parallel zu politischen Maßnahmen kommunikativ anzuknüpfen und die Vorteile weniger ressourcenintensiver Konsummuster hervorzuheben. ____

Anmerkungen

(1) Umweltbundesamt (Hrsg.) (2015): Klimaneutral leben. Verbraucher starten durch beim Klimaschutz.

(2) Purr, K. et al. (2021): Treibhausgasminderung um 70 Prozent bis 2030. So kann es gehen! Umweltbundesamt.

(3) DG CLIMA (2018): A Clean Planet for all. A European long-term strategic vision for a prosperous, modern, competitive and climate neutral economy.

(4) Lorek, S. et al. (2021): 1.5 Degree Policy Mix. Demand-side solutions to carbon-neutrality in the EU: introducing the concept of sufficiency. ZOE-Institute for future-fit economies.

(5) Günther, J. et al. (2019): Wege in eine ressourcenschonende Treibhausgasneutralität. Executive Summary der RESCUE-Studie. Umweltbundesamt.

Wie lautet Ihr persönlicher Mutmacher für die Umweltpolitik der 2030er-Jahre?

a) 87 Prozent der Deutschen finden, dass die Politik beim Klimaschutz rascher und konsequenter handeln muss.

b) Aufgeben ist auch keine Lösung.

Zu den Autorinnen

a) Laura Spengler ist Umweltwissenschaftlerin und war von 2009-2019 beim Umweltberatungsunternehmen Ökopol in Hamburg. Seit 2019 leitet sie das Fachgebiet III 1.1 „Übergreifende Aspekte des produktbezogenen Umweltschutzes, Nachhaltige Konsumstrukturen, Innovationsprogramm" im UBA.

b) Sylvia Lorek ist Oecotrophologin und Volkswirtschaftlerin. Sie leitet seit 2005 das SERI und forscht und lehrt seit über 25 Jahren zu Themen der Verbraucherpolitik, nachhaltigem Konsum und Suffizienz.

Kontakt

Dr. Laura Spengler
Umweltbundesamt (UBA)
E-Mail laura.spengler@uba.de

Dr. Sylvia Lorek
Sustainable Europe Research Institute
Deutschland e. V. (SERI)
E-Mail sylvia.lorek@t-online.de

Umweltpolitik als Gesellschaftspolitik verstehen

Ein neues Rollenverständnis tut not

Um angemessen auf die anstehenden gesellschaftlichen Herausforderungen reagieren zu können, muss die Umweltpolitik einen Rollenwechsel vollziehen. Von einem traditionell nachsorgenden und technischen Umweltschutz hin zu einem moderierenden, gestaltenden und gesellschaftspolitisch orientierten Akteur, der zwischen verschiedenen Interessen vermittelt.

Von Jana Rückert-John, Korinna Schack und Dorothee Arenhövel

—————Gravierende Umweltprobleme, die sich heute mehr denn je in der Klimakrise zuspitzen, stellen die moderne Gesellschaft vor enorme Herausforderungen. Dabei macht die Krise deutlich, dass bisherige umweltpolitische Bewältigungs- und Lösungsstrategien nicht ausreichen (vgl. S. 18 ff.): Umweltpolitik ist mit unmittelbaren gesellschaftlichen Folgen verbunden, wie zum Beispiel diversen Verteilungswirkungen von Be- und Entlastungen gesellschaftlicher Gruppen, aber auch unterschiedlichen Gestaltungs-, Handlungs- und Entscheidungsmöglichkeiten gegenwärtiger und zukünftiger Generationen. Der mit der Klimakrise verbundene Veränderungsdruck einerseits und der notwendige gesellschaftliche Transformationsbedarf andererseits übersteigen die Reichweite herkömmlicher Umweltpolitik bei Weitem: Auch Umweltpolitik wird zwangsläufig zur Gesellschaftspolitik. Die Bewältigung globaler Umweltprobleme erfordert deshalb nicht nur tiefgreifende gesellschaftliche Transformationen, sondern auch ein verändertes Selbst- und Rollenverständnis von Umweltpolitik. (1)

Umweltpolitik als Gesellschaftspolitik meint eine reflexive Politik, die gesellschaftliche Wirkungen und Folgen ihrer Maßnahmen und Aktivitäten – auch der mutmaßlich möglichen, aber unterlassenen – in den Blick nimmt. Damit erweitert Umweltpolitik ihre Perspektive vom funktionalen Ressortdenken zu einem integrierenden Politikverständnis, mit dem danach gefragt wird, wie sie zur Lösung gesamtgesellschaftlicher Probleme beitragen kann und wie Entwicklungen in anderen gesellschaftlichen Bereichen (Konflikt-)Potenziale zur Lösung von Umweltproblemen bergen. Mit einem derartigen Politikverständnis werden Grundannahmen über die funktional differenzierte Gesellschaft anerkannt. Denn erst eine Rekombination und ein Rearrangement verschiedener funktionaler Zugangsperspektiven und Problemlösungskonzeptionen eröffnen neue Perspektiven. Das hat auch zur Konsequenz, dass es keinen politischen »Durchgriff« und auch keine Umweltpolitik »aus einem Guss« gibt, mit der sich die Klimakrise lösen lässt. (2)

Für die Lösungen der großen gesellschaftlichen Herausforderungen braucht es vielmehr eine transformative Umweltpolitik, die eine moderierende Rolle einnimmt. In dieser Rolle kann sie Orte und (Experimentier-)Räume schaffen, an denen Positionen unterschiedlicher Governance-Akteure von Staat, Wirtschaft und Zivilgesellschaft durchaus konflikthaft aufeinandertreffen, sich gegenseitig irritieren und stören, um so auch Routinen zu unterbrechen. Problemlösungen können verhandelt werden und es besteht die Chance, dass im wechselseitigen Verstehen etwas Drittes entsteht. (3)

Zivilgesellschaftliche Initiativen als Treiber der Transformation?

Umweltpolitik vollzieht damit allmählich einen Rollenwechsel: Von einem traditionell nachsorgenden und technischen Umweltschutz hin zu einem moderierenden, gestaltenden und gesellschaftspolitisch orientierten Akteur in der Governance für Umwelt und Nachhaltigkeit. Damit findet auch ein Perspektivenwechsel der Umweltpolitik statt: vom Ausgerichtetsein auf defizitäre Umweltzustände hin zur Potenzialerkennung unterschiedlicher gesellschaftlicher Akteure. Einen großen Stellenwert misst Umweltpolitik hierbei dem zivilgesellschaftlichen Engagement und Nachhaltigkeitsinitiativen bei. Zivilgesellschaftliche Nachhaltigkeitsinitiativen leisten aus Sicht der Umwelt- und Nachhaltigkeitspolitik bereits heute wichtige

Beiträge zur sozialökologischen Transformation der Gesellschaft. Sie positionieren sich damit häufig gegen etablierte Ansätze des politischen und wirtschaftlichen Systems. Der von ihnen postulierte normative Anspruch einer besseren Zukunft verwirklicht sich zumeist in gemeinschaftlichen Formen des Zusammenlebens und Arbeitens. Das weckt politische Hoffnung und Erwartung, dass zivilgesellschaftliche Nachhaltigkeitsinitiativen eine zentrale Rolle bei der Problemlösung und der als notwendig erachteten gesellschaftlichen Transformation einnehmen. (4)

Wie lassen sich zivilgesellschaftliche Initiativen hierbei mit den verfügbaren politischen Instrumenten fördern und unterstützen? Welche Initiativen, mit welchem gesellschaftlichen Mehrwert sollen unter den Bedingungen stets knapper Ressourcen gefördert werden? Wie lässt sich die Unterstützung von Partikularinteressen in einem demokratisch verfassten System rechtfertigen und legitimieren? Die durch die Umweltpolitik verbundenen Zuschreibungen und adressierten Erwartungen rufen auch seitens der zivilgesellschaftlichen Nachhaltigkeitsinitiativen Fragen auf: Mit welchem Aufwand und welchen Mitteln lässt sich der Anspruch der Initiativen adäquat umsetzen? Welche Kompromisse müssen dabei eingegangen werden oder werden die Ziele der Initiativen für »andere«, politische Zwecke bloß instrumentalisiert? Können sich die Initiativen von politischen Akteuren fördern lassen, die sie gegebenenfalls als Mitverursacher des Problems ausmachen?

Im Spannungsverhältnis unterschiedlicher Akteurslogiken

Weitere Fragestellungen kommen durch andere Perspektiven noch hinzu. So zum Beispiel durch die Wissenschaft in Gestalt der Transformationsforschung, die über die Bedingungen der Möglichkeit von Gesellschaftswandel reflektiert: Wie ist ein inklusiver politischer Steuerungsbeitrag zum Wandel in einer funktional differenzierten Gesellschaft möglich? Welche Potenziale und Grenzen haben zivilgesellschaftliche Nachhaltigkeitsinitiativen für eine Transformation der Gesellschaft? Inwieweit werden Kreativität und Innovativität der Initiativen durch die Förderpraxis und Bürokratie eingehegt und in bestehende Systemlogiken integriert?

Anhand der unterschiedlichen Fragen wird deutlich, dass mit Blick auf gesellschaftliche Transformationen unterschiedliche Denk-, Handlungs- und Systemlogiken aufeinanderstoßen. Diese greifen nicht zwingend harmonisch ineinander oder verstärken sich gar dadurch, sondern erzeugen vielmehr Spannungen, gegenseitige Irritationen und Störungen der Routinen. Wie lassen sich diese unterschiedlichen Perspektiven und Spannungsverhältnisse vermitteln? Vermitteln im Sinne einer Kompetenzentwicklung, um Spannungen und damit verbundene Unsicherheiten auszuhalten als Grundlage, um einen zivilisierten Umgang damit zu finden, aus dem Neues entstehen kann.

„ Die Einbindung zivilgesellschaftlicher Nachhaltigkeitsinitiativen kann dazu beitragen, andere Perspektiven aufzudecken, die quer zu bestehenden politischen, administrativen und ökonomischen Logiken verlaufen."

Hierfür lohnt ein Blick in die Praxis der Ressortforschung des Umweltbundesamts, die sich im Kontext der Transformations- und Innovationsforschung seit einigen Jahren zivilgesellschaftlichen Nachhaltigkeitsinitiativen widmet. Entsprechende Forschungsvorhaben untersuchen ihr Wirken und ihr gesellschaftliches Potenzial sowie mögliche Unterstützungs- und Fördermöglichkeiten, zunehmend auch mit dem Anspruch eines möglichst transdisziplinären und explorativen Vorgehens. Dabei agiert Ressortforschung im Spannungsverhältnis unterschiedlicher Akteurslogiken (Wissenschaft, Politik und Initiativen). Sie sieht sich mit der Herausforderung konfrontiert, einerseits die zivilgesellschaftlichen Nachhaltigkeitsinitiativen möglichst wenig zu steuern, also Frei- und Experimentierräume im Sinne von Reallaborforschung zu schaffen, und andererseits die Suche nach tragfähigen (zivil-) gesellschaftlichen Nachhaltigkeitslösungen angesichts des politischen Handlungsdrucks zielstrebig zu befördern. Diese Gratwanderung kann nur gelingen, wenn Ressortforschung auch zunehmend mehr eine Moderatorenrolle einnimmt und den

Anspruch verfolgt, zwischen den unterschiedlichen Denk- und Handlungslogiken der Akteure zu vermitteln, um alternative, dritte Lösungen zu befördern und nicht dem Ansinnen etwaiger Instrumentalisierung, Mainstreamisierung oder Skalierung zivilgesellschaftlicher Nachhaltigkeitsinitiativen zu verfallen.

Raum und Zeit zum Experimentieren nötig

Diese Vermittlung zwischen Zivilgesellschaft und Politik stößt aber auch an Grenzen bei den bestehenden Forschungs- und Förderinstrumentarien und deren rechtlichen Grundlagen, was sich am Beispiel der Reallaborforschung verdeutlichen lässt. Reallaborforschung zeichnet sich als transdisziplinäre Forschung durch ihre Prozessoffenheit aus, denn hierbei geht es darum, Raum und Zeit zum Experimentieren zu schaffen für eine erst im Forschungsprozess zu bestimmende Fragestellung und mit offenem Ausgang, einschließlich der Möglichkeit des Scheiterns. Eine Förderung entsprechender Reallaborforschung steht jedoch im Spannungsverhältnis zur originären Aufgabe von Verwaltung, verbindliche Entscheidungen herbeizuführen und die Verwendung öffentlicher Gelder mit dem entsprechenden Ressort- und Bundesinteresse zu legitimieren. So besteht zum Beispiel im Vergabeprozess von Auftragsforschung die Notwendigkeit, Projektstruktur und Arbeitsplan vor Projektstart möglichst konkret festzulegen und mit einer realistischen Ressourcenkalkulation zu unterlegen, um die Vergleichbarkeit der Projektangebote zu gewährleisten und den Mittelansatz zu legitimieren. Prozessoffenheit im Projektverlauf ist deshalb nur bedingt möglich und erfordert zum Teil bürokratisch aufwendiges Umsteuern. Hier scheinen vor Projektbeginn festgelegte sogenannte Bedarfspauschalen eine geeignete Lösung zu sein, um im Rahmen von Reallaboren die benötigten Mittel freier und nach Bedarf abrufen zu können.

Reallaborforschung zeichnet sich zudem durch die Beteiligung und Einbindung von Praxisakteur(inn)en aus. Dies erfordert entsprechende Zeiten und Räume der Verständigung und Kooperation sowie der Reflexion eigener Denk- und Handlungslogiken, was in der Projektstruktur und Ressourcenkalkulation Berücksichtigung finden muss und den oft kurzen Projektförderzeiträumen sowie den häufig kurzfristigen politischen Bedarfen entgegensteht. Eine konsequente Einbindung von Praxisakteur(inn)en – im Sinne kollaborativen Forschens – erfordert zudem eine adäquate finanzielle Honorierung und Aufwandsentschädigung. Dies gelingt auch hier über die Festlegung entsprechender Bedarfspauschalen oder über die unmittelbare Einbindung von Praxisakteur(inn)en ins Forschungskonsortium. Diese Erfahrungen mit transdisziplinärer Ressortforschung zeigen, dass die Einbindung zivilgesellschaftlicher Nachhaltigkeitsinitiativen dazu beitragen kann, andere Perspektiven aufzudecken, die quer zu bestehenden politischen, administrativen und ökonomischen Logiken verlaufen. Ziel von Reallaboren ist es dabei nicht, skalierbare Ansätze oder Strategien zu entwickeln, sondern Raum für reflexives Lernen zu schaffen und damit dominante institutionelle Logiken und (nicht nachhaltige) Strukturen sichtbar zu machen und zu hinterfragen. (6)

Der Abstecher in die Ressortforschung macht aber auch deutlich, dass die Förderung von Engagement seitens der Politikverwaltung vor allem in der Währung Geld gedacht wird, womit mindestens drei Probleme verknüpft sind:

Zivilgesellschaftliches Engagement wird zur Erwerbstätigkeit: Aufgrund gesellschaftlicher Differenzierung und zunehmender Komplexität ist der Professionalisierungsdruck auch beim zivilgesellschaftlichen Engagement hoch und lässt sich kaum noch rein ehrenamtlich bewältigen. Zwangsläufig müssen neue Projektideen im Modus der Fördermittelakquise konzipiert werden, um keine prekären Arbeitssituationen zu riskieren.

Projektorientierte Förderlogik trägt zur Vereinheitlichung des zivilgesellschaftlichen Engagements bei: Projekte sind immer an den Förderrichtlinien ausgerichtet, um im Wettbewerb um die Fördertöpfe zu bestehen. Damit sind die Projektideen bereits angepasst an die Anforderungen der Antragstellung. Neue Ideen müssen sich erst einmal bewähren, oft kommt Unbekanntes gar nicht zum Zug. Die für gesellschaftliche Resilienz so dringend erforderliche Vielfalt an Handlungsoptionen verbleibt damit im Verborgenen.

Geld ersetzt die kritische Auseinandersetzung: Um den eigenen Ansprüchen zivilgesellschaftlicher Nachhaltigkeitsinitiativen und den politischen Erwartungen an sie gerecht zu werden, braucht es Orte und Räume, aber vor allem auch Zeit, um ins Gespräch zu kommen und sich kritisch mit unterschiedlichen Positionen auseinanderzusetzen. Werden die hierfür notwendigen Unterstützungsbedarfe auf Geld reduziert, dann besteht die Gefahr, dass die Förderung von der Diskussion über gesellschaftliche Interessenskonflikte entkoppelt wird.

Von Government zu Governance

Durch die Einbindung zivilgesellschaftlicher Nachhaltigkeitsinitiativen als Praxispartnerinnen in die Ressortforschung sowie durch Reallabore und Transdisziplinarität scheinen sich Alternativen aus dieser auf Geld und Projekte reduzierten Förderlogik abzuzeichnen (Government). Sie bieten eine Chance, die Förderung zivilgesellschaftlichen Nachhaltigkeitsengagements neu zu denken, um ihrem spezifischen Potenzial, aber auch ihren Grenzen bei der Um- und Mitgestaltung von Gesellschaft gerecht zu werden. Förderung konzentriert sich dann nicht mehr nur auf Geld, sondern – im Sinne von Unterstützung und Ermöglichung – auf Zeit, Räume, Infrastruktur und vor allem auf kritische Auseinandersetzung mit dem Nachhaltigkeitsengagement in laufenden Politikprozessen (Governance): Unterschiedliche Problemperspektiven finden Raum für Auseinandersetzung und es wird transparenter, wie Ideen aus dem Nachhaltigkeitsengagement in politischen Entscheidungsprozessen ihre Wirkung entfalten.

Auf diesem Wege kann es gelingen, dass Umweltpolitik sich als Gesellschaftspolitik begreift und ihre Förderung und Unterstützung zivilgesellschaftlicher Nachhaltigkeitsinitiativen konsequent von Government auf Governance umstellt. Dies wäre dringend erforderlich, um das Potenzial zivilgesellschaftlichen Nachhaltigkeitsengagements für die gesellschaftliche Transformation zu erkennen und zur Entfaltung zu bringen. ———

Anmerkungen

(1) Wehrspaun, M. / Schack, K. (2013): Umweltpolitik als Gesellschaftspolitik. In: Rückert-John, J. (2013): Soziale Innovation und Nachhaltigkeit. Perspektiven sozialen Wandels. Wiesbaden. S. 19-32.
(2) Nassehi, A. (2021): Unbehagen. Theorie der überforderten Gesellschaft, München.
(3) Wolff, F. et al. (2018): Transformative Umweltpolitik. Nachhaltige Entwicklung konsequent fördern und gestalten. Ein Wegweiser für den Geschäftsbereich des BMU. Umweltbundesamt.

(4) Rückert-John, J. et al. (2021): Handlungsansätze für die Förderung und Unterstützung innovativer gemeinwohlorientierter Initiativen. Umweltbundesamt.

(5) Palzkill, A. / Augenstein, K. (2021): Neugestaltung urbaner Freiräume – Einblicke in das Reallabor Wuppertal. In: Raumforschung und Raumordnung (2021) 79/4: 382–395.

a) b) c)

Wie lautet Ihr persönlicher Mutmacher für die Umweltpolitik der 2030er-Jahre?

a) Eigene Experimente zu wagen, um Experimente anderer zu fördern.

b) Menschen mit Herz, Hirn und Lust auf gemeinsames Nachdenken und Ausprobieren.

c) In der Zieldefinition sattelfest zu bleiben und in der Suche nach Lösungen und Strategien offener, agiler und kooperativer zu werden.

Zu den Autorinnen

a) Jana Rückert-John, ist Sozialwissenschaftlerin und seit 2000 im Institut für Sozialinnovation tätig. Seit 2014 hat sie an der Hochschule Fulda die Professur für „Soziologie des Essens" inne.

b) Korinna Schack ist Erziehungswissenschaftlerin, war seit 1997 zunächst im UBA und ist seit 2000 im BMU im Referat „Gesellschaftspolitische Grundsatzfragen" tätig.

c) Dorothee Arenhövel ist Umweltwissenschaftlerin und seit 2015 wiss. Mitarbeiterin im UBA im Fachgebiet „Grundsatzfragen, Nachhaltigkeitsstrategien und -szenarien, Ressourcenschonung".

Kontakt

Prof. Dr. Jana Rückert-John
Institut für Sozialinnovation e.V.
E-Mail: jana.rueckert-john@isinova.org

Dr. Korinna Schack
Bundesumweltministerium (BMU)
E-Mail korinna.schack@bmu.bund.de

Dorothee Arenhövel
Umweltbundesamt (UBA)
E-Mail: dorothee.arenhoevel@uba.de

www.politische-oekologie.de

politische ökologie
Die Zeitschrift für Weiterdenker*innen

Auch Fachzeitschriften brauchen Freunde!

Der publizistische Anspruch der *politischen ökologie* ist und bleibt hoch. Um ihre inhaltliche Qualität und ökonomische Unabhängigkeit dauerhaft bewahren zu können, ist die pö angewiesen auf die – manchmal eben auch monetär gezeigte – Freundschaft ihrer Leserinnen und Leser. Deshalb bitten wir Sie: Engagieren Sie sich für das dauerhafte Bestehen der Fachzeitschrift im pö_Freundeskreis.

Ja, ich möchte die *politische ökologie* finanziell unterstützen!

a) Ich interessiere mich für eine passive Mitgliedschaft im pö_Freundeskreis des gemeinnützigen Vereins für ökologische Kommunikation (oekom) e.V., dem Herausgeber der *politischen ökologie*. Im jährlichen Mitgliedsbeitrag von 100,00 Euro ist ein pö-Jahresabonnement enthalten.

b) Ich möchte die Arbeit des oekom e.V. mit einer einmaligen zweckgebundenen Spende (Stichwort: pö_Freundeskreis) unterstützen. Ich überweise die Spende auf das Konto des oekom e.V. Dafür erhalte ich eine steuerlich absetzbare Spendenbescheinigung.

c) Ich möchte den pö_Freundeskreis dauerhaft mit einem von mir gewählten Betrag unterstützen.

d) Ich interessiere mich für eine Kondolenz-Spende („Spende statt Blumen").

www.oekom-verein.de

Kontoverbindung oekom e.V.:
Stadtsparkasse München
IBAN: DE42 7015 0000 0907 1493 30
BIC: SSKMDEMM

Bitte nehmen Sie **Kontakt** unter poe-freundeskreis@oekom-verein.de auf oder rufen Sie uns an (Anke Oxenfarth, 04102/668 79 57), wenn Sie sich für eine der Unterstützungsmöglichkeiten entscheiden oder Fragen haben.

Überfluss, Obsoleszenz und rigide Wertregimes

Die dicken Bretter der Umweltpolitik

Für den Übergang in eine nachhaltige Gesellschaft setzen die politisch Verantwortlichen vor allem auf innovative Produkte, neue Akteursallianzen und gesellschaftliche Akzeptanz. Dabei kommt es vielmehr auf kollektives Lernen und ehrliche Reflexion unserer grundlegenden Logiken und Paradigmen an.

Von Melanie Jaeger-Erben

In den vergangenen drei Jahrzehnten hat sich der umweltpolitische Auftrag grundlegend verändert. (1) Statt vorwiegend Umwelt und Natur vor dem Zugriff der Gesellschaft zu schützen, ging es mehr und mehr darum, Mehrheiten unter den Bürger(inne)n zu organisieren, um die umfassende Aufgabe eines gesellschaftlichen Wandels zur Nachhaltigkeit – einer Großen Transformation – gemeinsam zu realisieren. Umweltpolitik wurde zu einer Gesellschaftspolitik, die versucht, mehr über die Relevanzen und Erwartungen ihrer Bürger(innen) zu lernen (vgl. Umweltbewusstseinsstudien), gute Bedingungen für nachhaltiges Konsumhandeln zu fördern (vgl. Nationales Programm für Nachhaltigen Konsum) oder zivilgesellschaftliche Akteure in die Umsetzung umweltpolitischer Ziele zu involvieren (vgl. Verbändeförderung). Es hat ein Paradigmenwechsel stattgefunden, von der Regulierung und allenfalls Informierung der Gesellschaft hin zur Befähigung und Kollaboration. Das ist aus sozialwissenschaftlicher Sicht begrüßenswert, denn dieser Paradigmenwechsel greift die Forschungsergebnisse der letzten Jahrzehnte zu den Bedingungen und Voraussetzungen individuellen und sozialen Wandels auf. Auch wenn die umweltpolitische Agenda in der Dialogorientierung, der Inklusivität und der Berücksichtigung von Gerechtigkeitsfragen durchaus noch dazulernen kann: Die Grundstrategie stimmt.

Ein dringend nötiger Entwicklungssprung für die transformative Umweltpolitik der Zukunft betrifft eher die fokussierten Inhalte und Gegenstandsbereiche der Transformation. Ich habe in den vergangenen 15 Jahren eine Unmenge von Veranstaltungen besucht, auf denen Umwelt- und Nachhaltigkeitspolitik verhandelt wurde. In eine oftmals vorherrschende allgemeine Aufbruchsstimmung mischte sich dabei oft ein Unbehagen darüber, dass einigen »dicken Brettern« der Transformation – insbesondere solchen, die mit der Begrenzung von Markt und Konsum zusammenhängen – oft ausgewichen wird. Ich möchte im Folgenden in zugespitzter Form auf drei dicke Bretter eingehen, die in umwelt- und nachhaltigkeitspolitischen Debatten zwar Erwähnung finden, aber noch nicht ernsthaft gebohrt werden.

Die Überflussgesellschaft als unhinterfragtes Ideal

Die gegenwärtigen Produktions- und Konsummuster in Industrieländern wie Deutschland sind gekennzeichnet durch eine zunehmende materielle Ausstattung des Alltags und einen scheinbar unendlichen Strom neuer Produktgenerationen. Das deutsche Warenhaus ist voll und wird immer größer. Insbesondere Unternehmen aus dem Bereich der Informations- und Kommunikationstechnologie bringen jedes Jahr neue Modelle auf den Markt: Wer ein neues Elektrogerät kaufen möchte, kann – sogar bei Toastern – meist zwischen Tausenden Modellen wählen. Gleichzeitig wachsen die Einkaufsflächen im Einzelhandel stetig an und das Warenangebot ist kaum noch überschaubar. Obwohl sicherlich niemand ernsthaft behaupten würde, dass es für die Nahrungsmittelversorgung notwendig ist, im Supermarktregal im Schnitt 14 verschiedene Tomatendosensorten und 59 Sorten Kartoffelchips vorfinden zu können, scheint es ein unhinterfragtes Ideal zu sein, möglichst viel zur Auswahl zu haben. Immer wieder wird an neuen Varianten und Geschmacksrichtungen geforscht, um neben dem angenommenen Wunsch nach Vielfalt auch denjenigen nach Neuheit und Abwechslung bedienen zu können. Unternehmensvertreter(innen) beantworten Interviewfragen nach den Gründen für ständige Produktneuheiten gerne mit dem Verweis auf die Kund(inn)en, die immer wieder nach Neuem

,, Die Überflussgesellschaft ist auch eine Obsoleszenzgesellschaft, die ständig damit beschäftigt ist, Dinge abzuwerten, damit andere Dinge begehrenswert sind. "

verlangen, während diese sich vom ständigen Wandel der Produktwelt bisweilen überfordert fühlen. Die Möglichkeit, zwischen verschiedenen Produkten wählen zu können, gilt als Merkmal moderner Marktwirtschaften, als Säule der Konsument(inn)ensouveränität und als Garant für Komfort und ein gutes Leben. Hinter diesen Annahmen steckt der Glaube daran, menschliche Bedürfnisse würden sich unendlich entwickeln und seien entsprechend auch unendlich steigerbar.

Das Menschenbild der Konsumgesellschaft ist eigentlich ein recht trauriges: Ihre Mitglieder sind in erster Linie Bedürftige, bei denen vorrangig die konsumistische Leistung definiert, wie viel Ansehen und Aufmerksamkeit sie genießen. Das schließt nicht nur diejenigen aus, die nicht über ausreichend Mittel oder einen Zugang zum Warenhaus verfügen, es wertet auch diejenigen ab, die sich dem Zugriff der Konsumgesellschaft zu entziehen versuchen. Ein konsumistischer Lebensstil ist so normal wie wünschenswert, wobei Menschen im Zustand der ewig Begehrenden gehalten werden. Um Massenkonsum immer wieder anzuregen, müssen Bedürfnisse gesteigert und neu geschaffen werden. Werden jedoch von politischer oder gar unternehmerischer Seite mögliche Einschränkungen der Wahlfreiheit erwogen, ist der Auschrei groß (vgl. „Veggieday" oder „Currywurstgate"), so dass es fast erscheint, als würden sich Menschen ihrer Identität beraubt fühlen, wenn Konsumoptionen eingeschränkt werden. Dabei ist möglicherweise genau das Gegenteil der Fall.

Das dicke Brett Überfluss zu bohren bedeutet, Selbstverständlichkeiten zu erschüttern und dabei zum Kern der Rolle von Wertschöpfung und des Marktes als großem Organisator der Wertschöpfung vorzudringen. Dabei gilt es, das Idealbild des immer umfangreicheren, abwechslungsreichen und vielfältigen Warenhauses anzukratzen. Es gilt zu reflektieren, wem Auswahl und Neuheit eigentlich dienen und welche Akteursgruppen bestimmen (sollten), wie sich das Warenhaus zusammensetzt. Die Kernfrage lautet: Wie lassen sich welche Bedürfnisse adäquat befriedigen, ohne einen Überfluss zu erzeugen, der weder sozial noch ökologisch nachhaltig ist? Dies führt unweigerlich zu einer Renaissance von Suffizienzpolitik, dem ewigen »Schmuddelkind« der Nachhaltigkeitsstrategien, und der Auseinandersetzung mit der Frage, wie sich Konsumbegrenzungen gesellschaftlich und politisch organisieren lassen.

Obsoleszenz und die Produktion von Wertlosigkeit

Derzeitige Produktions- und Konsumsysteme schaffen ein enormes Spektrum an sogenannten Wertangeboten. Gleichzeitig werden Werte im großen Stil vernichtet. So steigen mit der Verbreitung des Onlinehandels die Mengen an zerstörten Retouren, im schnell drehenden Mode-Einzelhandel bleiben regelmäßig Waren unverkauft und bis zu zehn Millionen Tonnen Nahrungsmittel landen in Deutschland jährlich im Abfall.

Unsere Wertschöpfungsmaschine produziert Wertlosigkeit am laufenden Band: Tonnenweise werden Produkte hergestellt, die niemandes Bedürfnis nach Nahrung, Kleidung, Wohnung oder Ästhetik befriedigen. Der – nicht unumstrittene – Begriff der „geplanten Obsoleszenz" lässt sich nicht nur auf Konsumgüter anwenden, die zu früh aus der Nutzung fallen. Obsolet sind viele Produkte bereits im Vorhinein, weil sie vor allem analoge und virtuelle Regale zu füllen helfen ohne erworben oder genutzt zu werden. So werden beispielsweise zwischen zehn und zwanzig Prozent der auf dem deutschen Modemarkt angebotenen Kleidungsstücke entsorgt, nachdem sie nicht verkauft worden sind.

Die Überflussgesellschaft ist auch eine Obsoleszenzgesellschaft, die ständig damit beschäftigt ist, Dinge abzuwerten, damit andere Dinge begehrenswert sind. Dieses Denken wird von einer sehr engen Definition von Wert geleitet: Wert wird geschaffen, indem man (billige) natürliche Ressourcen in Produkte verwandelt, sie global verteilt und möglichst gewinnbringend verkauft. Die Wertschöpfung kulminiert an dem Punkt, an dem das Produkt auf dem Markt ist, dann ist sein Wert am höchsten. Ein Produkt in der Nutzung – also in der Phase der Entfaltung des eigentlichen (Gebrauchs-)Werts – ist weniger wert als ein Produkt im Warenregal.

Das stets präsente und schnell erreichbare (Über-)Angebot an Neuem sorgt unter anderem dafür, dass Nutzungszeiten kürzer werden und selbst kleine Funktionseinschränkungen zum Produktaustausch führen können. Wertlosigkeit wird nicht in der Produktion und im Handeln produziert; viele Privathaushalte in Industrie- und Schwellenländern sind mit elektronischen Geräten vollgestopft und die Anzahl der gemieteten Abstellflächen steigt. Gleichzeitig wachsen weltweit die Müllberge und insbesondere die Mengen an Elektronikschrott, während die Recyclingquote selbst in sehr fortschrittlichen Ländern unter 50 Prozent liegt.

Wer das dicke Brett Obsoleszenz bohren will, muss sich die Hände schmutzig machen und in dunkle Ecken schauen. Obsoleszenz wird räumlich ermöglicht und findet sich in den unteren Schubladen von Kommoden, in staubigen Lagerhallen, auf dunklen Speichern, in der überfüllten Rumpelkammer, auf Recyclinghöfen oder im Sperrmüll. Strategien gegen Obsoleszenz sollten erst dann langlebige Produktinnovationen fokussieren, wenn das sogenannte anthropogene Lager oder der bereits vorhandene Produkt- und Materialbestand inventarisiert und ausgenutzt wurden. Statt weiter Wertlosigkeit zu reproduzieren, indem Weggestelltes und Ungenutztes als Wohlstandsballast bezeichnet wird, sollten »Bibliotheken der Dinge« in Haushalten, Lagerhallen oder Müllcontainern entdeckt und nicht genutzte Dinge aufgewertet werden. Sich die Hände schmutzig zu machen, bedeutet dabei auch, der unangenehmen Frage nach einer nachhaltigen Redefinition der Rolle von Privatbesitz nicht auszuweichen und sich zu fragen, wie sich Privatwirtschaft und Privathaushalte stärker an einem »Kreislauf der Dinge« beteiligen können.

Eindimensionale Wertschöpfung reproduziert selektive Wertschätzung

Die derzeitigen Wertschöpfungslogiken produzieren nicht nur Wertlosigkeit, sie gehen mit der konstanten Schaffung von Schäden einher. In praktisch jeder Phase der Wertschöpfungskette werden nicht nur Werte in Form von Produkten und Dienstleistungen geschaffen, sondern auch soziale und ökologische Schäden verursacht, die andere Werte wie die menschliche Gesundheit, die biologische Vielfalt und die Erhaltung natürlicher Ressourcen langfristig beeinträchtigen. Diese Gleichzeitigkeit von Wertschöpfung und Zerstörung ist tief verbunden mit der Linearität der gegenwärtigen Wertschöpfungsstrukturen sowie der Dominanz ökonomischer

„ Gegenwärtigen Definitionen von Wertschöpfung inhärent ist eine Geringschätzung natürlicher Kreisläufe und Reproduktionsbedarfe. "

Definitionen von Wert, die sich auf den monetären Tauschwert von Produkten konzentrieren. Unterstützt wird dies durch die normalisierte Annahme, die Natur sei sowohl eine großzügige Spenderin von billigen Ressourcen für die industrielle Produktion als auch eine bescheidene Empfängerin ihrer Abfälle, Reststoffe und Emissionen. Darin inhärent ist eine Abwertung von Natur, die Geringschätzung natürlicher Kreisläufe und Reproduktionsbedarfe. Die globalisierten Märkten reproduzieren zudem eine implizite Abwertung von einigen Teilen der Menschheit sowie die Hierachisierung der globalen Bevölkerung in eine vergleichsweise kleine Gruppe, für deren (unterstellte) Bedürfnisse die Märkte Werte schaffen, und eine große Gruppe, deren Bedürfnisse nicht zählen, die aber für die globalisierten Märkte arbeiten (und dabei nicht selten Gesundheit und Wohlbefinden gefährden) oder für diese auf Land und Ressourcen verzichten müssen.

Bewertungen und Wertsetzungen sind unser täglich Brot. Niemand würde den Alltag bewältigen können, wenn nicht ständige, meist implizite Bewertungen dabei helfen würden, das Wichtige vom Unwichtigen zu unterscheiden. Die damit verbundenen Wertkonzepte werden gesellschaftlich und sozial vermittelt, sie sind in die in einer Gesellschaft als normal erachteten sozialen Praktiken eingeschrieben und bieten eine genauso verlässliche wie selten hinterfragte Grundlage des Handelns. Sie leiten nicht nur das eigene Handeln an, sondern auch die Erwartungen an das Handeln anderer und umgekehrt. Versuchen einzelne Akteure oder Akteursgruppen, andere Werte und Bewertungen zu praktizieren – wie im Kontext alternativer oder Post-Wachstums-Ökonomien, werden sie als „Nischenakteure", „Pioniere" oder „Idealisten" an den Rand der Normalität und in den Bereich des Besonderen und Kuriosen geschoben. Neben der Routiniertheit und Subtilität macht es auch die Rigidität der Bewertungspraxis schwer, eine nicht nachhaltige Wertebasis freizulegen und zu verändern.

Das Bohren des dicken Bretts rigide Wertregimes ist ein brutaler Vorgang. Es geht dabei um die schonungslose Konfrontation mit der Brutalität derzeitiger Konsum- und Produktionssysteme und ihrer zugrunde liegenden zutiefst unmoralischen Wertbasis. Dafür muss tief in den individuellen und kollektiven Köpfen gebohrt werden.

Die sozialökologische Transformation wird oftmals vor allem als technische und organisationale Herausforderung gesehen, für die es neue Tools, Akteursallianzen, innovative Produkte oder Dienstleistungen sowie eine allgemeine Akzeptanz geben muss. Transformative Umweltpolitik ist jedoch viel mehr noch ein Prozess des kollektiven, transformativen Lernens und damit auch der ehrlichen (Selbst-)Reflektions- und Entwicklungsarbeit an den grundlegenden Logiken und Paradigmen des derzeitigen politischen (aber auch wirtschaftlichen, gesellschaftlichen, individuellen) Handelns. Dicke Bretter bohren heißt dabei anzuerkennen, dass Transformation auch eine schweißtreibende Arbeit ist, bei der etwas durchbrochen werden muss, was bisher möglicherweise Halt gegeben hat – wie der Wunsch nach (materieller) Grenzenlosigkeit. ____ ▬

Anmerkung
(1) Eine Textversion mit Zitationen und ausführlicher Literaturliste ist auf Anfrage bei der Autorin erhältlich.

Wie lautet Ihr persönlicher Mutmacher für die Umweltpolitik der 2030er-Jahre?
„Die Hoffnung gräbt Löcher in das Gefüge der Wirklichkeit, früher oder später wird etwas hineinfallen." (T. Pratchett)

Zur Autorin
Melanie Jaeger-Erben ist Professorin für Technik- und Umweltsoziologie an der Brandenbur-

gischen Technischen Universität Cottbus-Senftenberg und Mitarbeiterin am Fraunhofer IZM. Nach dem Studium der Psychologie und Soziologie war sie u. a. beim WBGU, am Zentrum Technik und Gesellschaft der TU Berlin sowie der LMU München tätig.

Kontakt
Prof. Dr. Melanie Jaeger-Erben
Brandenburgische Technische Universität
Cottbus-Senftenberg
E-Mail jaegemel@b-tu.de

Impulse

Projekte und Konzepte

SRU im Gespräch
Die zukünftige Umweltpolitik

Vor 50 Jahren wurde der Sachverständigenrat für Umweltfragen (SRU) ins Leben gerufen, ein Ergebnis des ersten Umweltprogramms der Bundesregierung vom Oktober 1971. Im Frühjahr 1972 nahm er seine Arbeit auf. Seitdem berät der Umweltrat die Bundesregierung zu den Themen, die den Erhalt unserer natürlichen Lebensgrundlagen betreffen. Dabei sind zahlreiche Gutachten und Stellungnahmen entstanden, die sich dem Klimaschutz (z. B. dem CO_2-Budget), einer nachhaltigen Energiewirtschaft (u. a. grünem Wasserstoff und dem Ausbau der Windenergie an Land), der Verkehrswende, der Stärkung des Naturschutzes, dem Meeresschutz, der Kreislaufwirtschaft oder dem umweltbezogenen Gesundheitsschutz widmen.

Das Jubiläum möchte der SRU zum Anlass nehmen, um gemeinsam mit Politik, Gesellschaft, Wissenschaft und Verwaltung über die Vergangenheit und Zukunft der Umweltpolitik zu reflektieren. Dabei sollen Lehren gezogen, insbesondere aber Überlegungen angestellt werden, wie sich die Umweltpolitik in Deutschland und darüber hinaus entwickeln muss, um zukunftsfähig zu sein. Auch wenn es Fortschritte in verschiedenen Bereichen gegeben hat, beispielsweise bei den Schadstoffbelastungen der Gewässer, so zeigt sich am fortschreitenden Klimawandel und am steigenden Verlust der Biodiversität ein zunehmend dringender Handlungsbedarf.

Die Umweltpolitik benötigt folglich mehr Gewicht und Durchsetzungsfähigkeit. Wie dies gelingen kann, soll auf der SRU-Jubiläumstagung – „50 Jahre SRU: Umweltpolitik für das 21. Jahrhundert" – am 19. Mai 2022 in Berlin ein zentrales Thema sein. Fragen, die daran anknüpfen, sind zum Beispiel: Was sind ökologische Belastungsgrenzen und wie finden sie in der Politik Beachtung? Wie lassen sich Umweltpolitik, Gesundheitsschutz und soziale Gerechtigkeit zusammenbringen? Welche Bedeutung kommt dem individuellen Verhalten zu und wie kann es politisch verändert werden? Wenn tiefgreifende Änderungen erforderlich sind, reicht eine Korrektur der Fahrtrichtung oder müssen wir dafür Konsum und Wachstum generell überdenken? Diese und weitere Fragen werden in Vorträgen aus Politik und Wissenschaft angesprochen und in Expert(inn)enrunden sowie in einer Reihe von interaktiven Workshops vertieft diskutiert.

Markus Salomon

www.umweltrat.de

Helmholtz-Programm „Changing Earth"
Sieben Jahre, sieben Zentren
Unter dem Namen „Changing Earth – Sustaining Our Future" hat die Helmholtz-Gemeinschaft ein neues Forschungsprogramm vorgestellt. Bis ins Jahr 2027 soll in diesem Rahmen praxisnahes Wissen gesammelt werden, um Gesellschaft, Politik und Wirtschaft im Hinblick auf Umweltbedrohungen sinnvoll zu unterstützen.

In neun verschiedenen Themengebieten sind sieben Helmholtz-Forschungszentren beteiligt: Das Zentrum für Umweltforschung leitet die Themenbereiche „Landschaften der Zukunft" und „Gesunder Planet". Das Geoforschungszentrum Potsdam ist verantwortlich für die Bereiche „Ruhelose Erde" und „Georessourcen". Weitere Bereiche sind „Marines und polares Leben" (Zentrum für Ozeanforschung GEOMAR), „Nachhaltige Bioökonomie" (Forschungszentrum Jülich), „Küstengebiete im globalen Wandel" (Helmholtz-Zentrum Hereon), „Ozeane und Kryosphäre im Klimawandel" (Alfred-Wegener-Institut) und „Atmosphäre im globalen Wandel" (Karlsruher Institut für Technologie). Insgesamt sollen mehr als 1.200 Wissenschaftler(innen) involviert werden, so die Helmholtz-Gemeinschaft.

Das Programm verfolgt dabei einen systemischen und lösungsorientierten Forschungsansatz. Die Erde müsse als Gesamtheit vieler verschiedener Systeme betrachtet werden. Wichtig sei dabei zu verstehen, wie diese Systeme miteinander verbunden sind und sich gegenseitig beeinflussen. Dazu sollen die beteiligten Forschungszentren jeweils ihre Expertise im Gebiet einbringen.

Einmal pro Jahr soll zudem ein Treffen aller beteiligten Zentren den Informationsaustausch ermöglichen und einen Fortschrittsbericht liefern. Das erste Treffen ist für den 25. April 2022 angesetzt und soll teilweise live übertragen werden. Weitere Informationen finden sich auf der Website des Programms. (am)

https://earthenvironment.helmholtz.de/
changing-earth/program/

Umweltpolitisches Handeln
Mehr Entschlossenheit bitte!
Motto „Für eine entschlossene Umweltpolitik in Deutschland und Europa" plädiert der Sachverständigenrat für Umweltfragen (SRU) in seinem Umweltgutachten von 2020. In acht Kapiteln werden verschiedene Felder thematisiert, in denen großer Handlungsbedarf besteht: Klimaschutz, Mobilität, Stadtentwicklung, nachhaltiges Wirtschaften, Gewässer- und Lärmschutz.

Über die verheerenden Auswirkungen von Umweltveränderungen sei mittlerweile genug bekannt. Jetzt gehe es darum, beherzt zu handeln. Das Gutachten beschäftigt sich daher ausgiebig mit dem konkreten Umsetzungsbedarf der Politik. „Je mehr wertvolle Zeit verrinnt, desto radikaler werden die Maßnahmen sein müssen, die die Wissenschaft zum Schutz der natürlichen Lebensgrundlagen empfiehlt", so der SRU.

Dabei rückt er besonders die europäische Umweltpolitik in den Fokus. In jedem Kapitel empfiehlt der Rat konkrete Maßnahmen zur Umsetzung der Politiken. So schlägt er etwa die Einführung eines CO_2-Budgets als Messgröße für den Klimaschutz vor und nennt Ansätze zur Verbesserung des europäischen Green Deal.

Das Gutachten steht auf der Website in Gesamt- und Kurzfassung zur Verfügung. Auch die Videos der offiziellen Vorstellung sind dort verlinkt. (am)

www.umweltrat.de/SharedDocs/Downloads/DE/01_Umweltgutachten/2016_2020/2020_Umweltgutachten_Entschlossene_Umweltpolitik.html

Umweltpolitik im 21. Jahrhundert
Nahbarer werden

Wie muss die zukünftige Umweltpolitik aussehen? Mit dieser zentralen Frage beschäftigte sich das Forschungsprojekt „Umweltpolitik im 21. Jahrhundert – Ansätze zur Bewältigung neuartiger Herausforderungen", das vom Umweltbundesamt in Auftrag gegeben wurde. Um Antworten zu finden, wurde in fünf Studien eine Bilanz der bisherigen Umweltpolitik gezogen. Einige Erfolge wurden durchaus erreicht, etwa der Ausstieg aus der Atomenergie oder die Verbesserung der Luftreinheit. Viele Probleme haben sich allerdings lediglich verschoben, wie etwa die Verlagerung verschiedener Industrien in den globalen Süden zeigt. Andere Krisen haben sich hingegen verschärft, allen voran der Klimawandel und der Biodiversitätsverlust. Im Mittelpunkt der Studien stand zudem die Rolle von Narrativen und Akteur(in- n)en. Untersucht wurde, welche Erzählmuster eine effektive Umweltpolitik behindern oder begünstigen können. „Ein Narrativ kann dann erfolgreich sein, wenn es von Akteuren kommuniziert wird, die in der Öffentlichkeit als legitim und glaubwürdig anerkannt sind", so das Forschungsteam. Um mehr Akzeptanz für Umweltpolitik in der Bevölkerung zu erreichen, sollten Probleme zudem in verständlicher Sprache erklärt und abstrakte Fachsprache vermieden werden.

Auf Basis ihrer Erkenntnisse skizzieren die Forscher(innen) eine zukunftssichere Umweltpolitik und formulieren Handlungsempfehlungen, welche die aufgezeigten Mängel der vergangenen Jahre überwinden sollen. Insgesamt müsse Umweltpolitik eine institutionelle Vorrangstellung erreichen.

Das Projekt wurde von der Freien Universität Berlin zusammen mit dem Öko-Institut, der Albert-Ludwigs-Universität Freiburg, der Erhard-Karls-Universität Tübingen, dem Deutschen Institut für Entwicklungspolitik und dem Institut für Organisationskommunikation (IFOK GmbH) durchgeführt. Es lief von 2016 bis 2018. Der umfangreiche Abschlussbericht aus dem Jahr 2019 steht auf der Website des Umweltbundesamtes zur Verfügung. (am)

https://umweltbundesamt.de/publikationen/perspektiven-fuer-umweltpolitik-ansaetze-umgang

„Reihe N" des Nachhaltigkeitsrates
Impulse für den Wandel

Der Koalitionsvertrag der Ampelregierung bietet Anknüpfungspunkte für fortschrittliche Umwelt- und Nachhaltigkeitspolitik. Was aber ist jetzt konkret zu tun, um in die praktische Umsetzung zu kommen? Hier setzt das digitale Veranstaltungsformat „REIHE N" des Rates für Nachhaltige Entwicklung (RNE) an. Anhand der sechs Transformationsbereiche der Deutschen Nachhaltigkeitsstrategie diskutieren Entscheidungsträger(innen) aus Politik, Wirtschaft und Gesellschaft, wie konkrete Umsetzungsimpulse für eine ambitioniertere Nachhaltigkeitspolitik aussehen können. Basis der Diskussionen sind die Stellungnahmen des RNE an die Bundesregierung. Eröffnet wurde die Reihe im Februar 2022 mit dem Thema „Klimaneutralität: Was jetzt zu tun ist". Zur thematischen Einstimmung gab es einen Kurzfilm. Danach wurde das gemeinsam vom RNE und der Nationalen Akademie der Wissenschaften Leopoldina verfasste Positionspapier „Klimaneutralität – Optionen für eine ambitionierte Weichenstellung und Umsetzung" vorgestellt und anschließend von drei Expert(inn)en kommentiert. Eine Podiumsdiskussion, bei der auch auf die im Chat gestellten Fragen aus dem Publikum eingegangen wurde, bildete den Abschluss. Die Reihe ist als sogenannte Afterwork-Veranstaltung konzipiert und richtet sich an die interessierte Fachöffentlichkeit. Um „Zirkuläres Wirtschaften: Wie das Denken in Kreisläufen zum Standard wird". geht es beim nächsten Mal. Die Mitschnitte der rund eineinhalbstündigen Veranstaltungen finden sich auf der Homepage des Nachhaltigkeitsrats. (ao)

www.nachhaltigkeitsrat.de/reihe-n/

Podcast des Öko-Instituts
Wie gelingt der Wandel?

Vor einem Jahr ging das Öko-Institut mit seinem Podcast „Wenden bitte!" online. In diesem Format befasst sich das Institut mit nachhaltigen Transformationen, wie etwa der Energie-, Mobilitäts- oder Rohstoffwende. Die Moderatorinnen Nadine Kreutzer und Mandy Schoßig befragen dazu Wissenschaftler(innen) aus den verschiedenen Forschungsbereichen des Instituts. So nimmt etwa Forscherin Sabine Gores die EU-Klimapolitik unter die Lupe und bewertet die Wirksamkeit der Maßnahmen sowie die Rolle Deutschlands bei der Umsetzung. In einer weiteren Episode referiert Siddhart Prakash über die ressourcenintensive Elektronikindustrie und das „Recht auf Reparatur". Dabei erklärt er einerseits, welche politischen Entscheidungen nötig sind, aber auch was man als Einzelne(r) unternehmen kann, um die Lebensdauer von technischen Geräten zu verlängern. Etwa monatlich erscheint eine neue, einstündige Episode. Der Podcast ist über alle gängigen Portale und über die Website des Öko-Instituts kostenlos zugänglich. (am)

www.oeko.de/podcast

EU-Agenda 2030
Digitalisierung und Nachhaltigkeit

Der digitale Wandel der Gesellschaft birgt sowohl Chancen als auch Risiken für die nachhaltige Entwicklung. Mit seinem Forschungsprojekt „Digitalisierung und Nachhaltigkeit auf EU-Ebene" möchte das Institut für ökologische Wirtschaftsforschung (IÖW) eine ökologisch und sozial verträgliche Digitalisierung in der europäischen Umweltpolitik verankern.

Damit Krisen nicht weiter verschärft werden, etwa durch den hohen Energieverbrauch digitaler Prozesse, sollen Problemfelder identifiziert und politische Rahmenbedingungen der EU weiterentwickelt werden. Dabei soll an Ergebnisse der deutschen EU-Ratspräsidentschaft 2020 angeknüpft werden, bei der nachhaltige Digitalisierung bereits einen thematischen Schwerpunkt ausmachte. Um die Zivilgesellschaft stärker einzubeziehen, soll zudem ein Online-Forum eingerichtet werden. Das Projekt wird vom IÖW zusammen mit dem Institute for European Environmental Policy bis November 2023 durchgeführt und vom Umweltbundesamt gefördert. (am)

https://ioew.de/projekt/digitalisierung_und_nachhaltigkeit_auf_eu_ebene

IASS-Fellow Louis Kotzé
Mehr Rechte für die Natur

Das Potsdamer Institut für transformative Nachhaltigkeitsforschung (IASS) fördert jährlich im Rahmen der „Klaus Töpfer Sustainability Fellowship" Personen, die sich für eine nachhaltige Entwicklung einsetzen und Brücken zwischen Wissenschaft, Politik und Gesellschaft bauen. Dieses Jahr geht die Auszeichnung an Louis Kotzé, Umweltrechtsprofessor an der North-West University in Potchefstroom, Südafrika. Kotzé möchte mit seinem Forschungsvorhaben ein Umdenken im internationalen Umweltrecht bewirken. Aktuell sei es zu sehr in einzelne Sektoren untergliedert. Um zukunftssicher zu werden, müsse das globale Umweltrecht „Brücken bauen zwischen Wissen nicht nur aus verschiedenen wissenschaftlichen Disziplinen, sondern auch von politischen und gesellschaftlichen Akteuren", so Kotzé. Die Umweltpolitik müsse Gesetze hervorbringen, die weniger auf die Interessen des Menschen und mehr auf die Natur ausgerichtet sind. Dazu möchte Kotzé nun neue Governance-Konzepte entwickeln.

Zum Auftakt des IASS-Themenschwerpunkts 2022 „Gerechtigkeit und Nachhaltigkeit" hielt Kotzé einen Vortrag zum viel beachteten Klima-Urteil des Bundesverfassungsgerichts. Die Veranstaltung steht als Video auf der Website des IASS zur Verfügung. (am)

https://iass-potsdam.de/de/news/ein-neuer-ansatz-fuer-das-internationale-umweltrecht-louis-kotze-ist-klaus-toepfer

Medien

Uekötter, F.:
Einfach war gestern

Im Angesicht der voran-
schreitenden Klimakrise
stehen wir vor einer Vielzahl komplexer umweltpo-
litischer Herausforderungen, die es umgehend zu meistern gilt. Simple Lösungen
gibt es hierfür allerdings nicht. Frank Uekötter möchte mit seinem neuen Buch vergangene umweltpolitische Entwicklungen
aufzeigen, bewerten und so zwischen sinn-
vollen sowie weniger zielführenden Entscheidungen differenzieren. Er bietet damit
eine historische Perspektive auf globale
umweltpolitische Ereignisse und erläutert
bisher unbekannte Zusammenhänge. Dabei gelingt es ihm, sowohl informativ auf
vergangene internationale Umweltpolitik
zu blicken als auch spannende neue Denk-
anstöße zu unterbreiten. Immer wieder
regt Uekötter dazu an, den eigenen Hori-
zont zu erweitern und lokal unterschiedliche Herausforderungen in der Umweltpolitik wahrzunehmen. So erfordern globale
Probleme nicht zwingend eine universell
global umzusetzende Lösung, vielmehr
bedarf es an die lokalen Gegebenheiten
und Umstände angepasste Lösungen. Zur
Bewältigung der Klimakrise benötigen wir
alsbald „eine neue Generation umweltpolitischer Macher", wie das Buch eindrücklich
illustriert.

Diese Rezension erschien zuerst in:
Solarzeitalter (Ausgabe 2/2021, S. 64)

Uekötter, Frank: Einfach war gestern.
Über Umweltpolitik in unruhigen Zeiten.
oekom verlag, München 2021, 176 S.,
17,00 €, ISBN 978-3-96238-280-3
Auch als E-Book erhältlich.

Kemfert, C.:
Mondays for Future

Demonstrieren ist gut und
richtig, reicht aber nicht.
Daher ist der Untertitel
dieses Buches Programm:
„Freitag demonstrieren, am Wochenende
diskutieren, ab Montag anpacken und umsetzen". Dafür braucht es neben dem nö-
tigen Grundwissen auch die richtigen Ar-
gumente gegenüber den Bremsern in Politik und Wirtschaft. Genau die liefert die
renommierte Energieökonomin Claudia

Kemfert in diesem Buch. Dafür beantwortet sie 123 typische Fragen zur Klimapolitik faktenreich, aber dennoch knapp und bündig im Stil von FAQs (Frequently Asked Questions). Das Themenspektrum bildet die Klimadebatte in ihrer Breite ab und reicht von Klimakonferenzen („Sind Konferenzen und Verträge nicht sinnlos, wenn die großen Länder nicht mitmachen?") über Leugnung des Klimawandels („Ist Klimaleugnung eine PR-Strategie der fossilen Industrie?") bis hin zur Rolle von Politik, Wirtschaft sowie Bürgerinnen und Bürgern („Sind verbindliche Klimagesetze etwas anderes als Ökodiktatur?").

Kemfert ist eine Überzeugungstäterin im besten Sinne, sie setzt sich seit vielen Jahren als Wissenschaftlerin und Politikberaterin für eine Energie- und Klimawende ein. Im Zentrum ihrer Erläuterungen stehen daher neben konkreten politischen Maßnahmen sowie verbindlichen Messinstrumenten für Emissionen, die dem Verursacherprinzip Geltung verschaffen würden, Gesetze zur Förderung erneuerbarer Energien und die Abschaffung von Subventionen für die alten Energien.

Zielgruppe dieses trotz wissenschaftlicher Exaktheit flott und verständlich geschriebenen Buches ist die breite, insbesondere die junge Öffentlichkeit. Kempfert will sie motivieren und ihr Mut zum zügigen Handeln machen. Denn sie ist überzeugt, dass der Wandel hin zu einer ökosozialen Marktwirtschaft noch möglich ist, wenn die Rahmenbedingungen stimmen und entsprechend verändert werden, die To-do-Liste in

Form von „53 Aufgaben für den Anfang" liefert sie gleich mit. Hauptverantwortung dafür tragen Politik und Wirtschaft die, an die sie durch den Druck einer kritischen Zivilgesellschaft stetig erinnert werden müssen, meint die Autorin.

Das Buch gibt gut verständliche Antworten auf Detailfragen zu Klimaschutz und Klimapolitik, die mit knapp 500, nur als PDF verfügbaren Fußnoten wissenschaftlich untermauert werden. (ao)

Kemfert, Claudia: Mondays for Future.
Freitag demonstrieren, am Wochenende
diskutieren und ab Montag anpacken
und umsetzen. Murmann, Hamburg 2020,
200 S., 8,00 €, ISBN 978-3-86774-644-1
Auch als E-Book erhältlich.

Settele, J.:
Die Triple-Krise

Die Menschheit wird im 21. Jahrhundert vor allem durch drei große Problemlagen bedroht, die sich gegenseitig befeuern: den Rückgang der Artenvielfalt, den Klimawandel und die weltweite Verbreitung gefährlicher Infektionskrankheiten. In diesem Buch zeigt der Agrarökologe Josef Settele anschaulich, dass die drei Krisen dieselben Ursachen haben und menschengemacht sind: die unkontrollierte Ausbeutung der natürlichen Ressourcen, die immer intensivere Landnutzung und wachsende Verstädterung sowie ungebremste Abholzungen von Wäldern. Settele ist sich der Größe der Herausforderungen durchaus bewusst. Trotzdem verfällt er nicht in Schockstarre oder Panikmache – auch wenn die ersten Seiten des Buches eher dystopisch und bewusst alarmistisch daherkommen. Nüchtern und faktenreich stellt er danach in sieben Kapiteln auch für Laien nachvollziehbar dar, dass es zu umwälzenden Veränderungen unserer bisherigen Lebensweise kommen wird. Dabei hütet er sich vor platter Schwarz-Weiß-Malerei. Ihm geht es nicht darum, den Schwarzen Peter einzelnen Staaten oder »der Politik« zuzuschieben. Die Schwächen der globalen Umweltpolitik benennt er trotzdem klar. Auch das bestehende Wirtschaftssystem und unser Konsumverhalten hinterfragt er kritisch. Dabei wird deutlich: Ein Weiter-so ist für Settele keine Option, er plädiert für ein rasches und konsequentes Umsteuern.

Die Argumentation ist wissenschaftlich fundiert – der Autor war Co-Chair des Global Assessments des Weltbiodiversitätsrates (IPBES) und ist Mitglied im Sachverständigenrat für Umweltfragen. Trotz einer ganzen Menge Zahlen und Fakten ist Settele ein gut lesbares Buch über ein ernstes Thema gelungen. (ao)

Settele, Josef: Die Triple-Krise.
Artensterben, Klimawandel, Pandemien:
Warum wir dringend handeln müssen.
Edel Books, Hamburg 2020, 320 S.,
22,95 €, ISBN 978-3-8419-0653-3.
Auch als E-Book erhältlich.

Kurz notiert

Alt, Franz / von Weizsäcker, Ulrich:
Der Planet ist geplündert.
Was wir jetzt tun müssen.
Hirzel, Stuttgart 2022,
208 S., 22,00 €,
ISBN 978-3-7776-3020-5

Göpel, Maja:
Wir können auch anders.
Aufbruch in die Welt von morgen.
Ullstein eBooks, Sept. 2022,
208 S., 16,99 €,
ISBN 978-3-84372-625-2

Herrmann, Frank:
Der Mächtigen Zähmung. Warum
Konzerne klare Spielregeln brauchen.
oekom verlag, München 2022,
224 S., 20,00 €,
ISBN 978-3-96238-233-9

Jaeger, Lars:
Wege aus der Klimakatastrophe.
Wie eine nachhaltige Energie-
und Klimapolitik gelingt.
Springer, Berlin / Heidelberg 2021,
282 S., 27,99 €,
ISBN 978-3-662-63549-0

Roos, Michael / Hoffart , Franziska M.:
Climate Economics. A Call for More
Pluralism And Responsibility.
Springer, Berlin / Heidelberg 2021,
170 S., 53,49 €,
ISBN 978-3-030-48425-5

100%
Nachhaltigkeit

Schachern um die Artenvielfalt in Kunming

Finanzmarkt und Transformation

Saubere Wärme für alle

Umweltgifte Fluorchemikalien

SPEKTRUM NACHHALTIGKEIT

Die gesellschaftliche Diskussion um die Zukunft ist vielschichtig. Im Spektrum Nachhaltigkeit veröffentlicht die politische ökologie deshalb – unabhängig vom jeweiligen Schwerpunktthema – Fachbeiträge, die sich mit verschiedenen Aspekten der Nachhaltigkeit auseinandersetzen. – Viel Vergnügen beim Blick über den Tellerrand!

Die Weltbiodiversitätskonferenz in Kunming

Das große Schachern

Von Sebastian Tilch

▬▬▬▬Erst kürzlich machte ein Zusammenschluss privater amerikanischer Stiftungen, darunter der Bezos Earth Fund, mit einer Fünf-Milliarden-Dollar-Spende auf sich aufmerksam. Damit wolle man mithelfen, 30 Prozent der Erdoberfläche bis 2030 unter Naturschutz zu stellen. Dies ist eines von insgesamt 21 Zielen zum Schutz der biologischen Vielfalt, die in diesem Jahr von den Vertragsstaaten des Übereinkommens über die biologische Vielfalt (CBD) verhandelt werden sollen.

Schon jetzt ist über diese Konferenz im chinesischen Kunming zu lesen, dass die Debatten sich vornehmlich ums Geld drehen werden. Und auch von Regierungsseite wird ordentlich mit Geldbündeln gewinkt. Schon bei der Weltklimakonferenz in Glasgow im November 2021 kündigten die Industriestaaten an, ab 2023 durchschnittlich hundert Milliarden US-Dollar für den Klimaschutz in die ärmeren Weltregionen fließen zu lassen und damit unter anderem auch naturnahe Lösungen („Nature-based Solutions") fördern zu wollen.

Die schwarz-rote Bundesregierung hatte angekündigt, ihre Ausgaben für den Klimaschutz bis 2025 von vier auf sechs Milliarden Euro jährlich zu erhöhen, unter anderem auch für Renaturierungsmaßnahmen. Außerdem stellt Deutschland seit 2013 jährlich 500 Millionen Euro zur Erhaltung der Biodiversität in ärmeren Ländern zur Verfügung. Allerdings reichen die bisherigen Zusagen noch lange nicht, auch trotz großzügiger privater Spenden. So sieht der aktuelle Entwurf der CBD eine Aufstockung der Finanzmittel aus allen Quellen auf mindestens 200 Milliarden US-Dollar pro Jahr vor. (1) – Woher soll das Geld kommen?

Umweltschädliche Subventionen

Tatsache ist: Geld ist da – und wird auch munter ausgegeben. Nur oft auch für Aktivitäten, die den erklärten Naturschutzzielen diametral entgegenstehen. Deutschland förderte seine Privatwirtschaft 2020 mit 14,4 Milliarden Euro durch Finanzhilfen und Steuererleichterungen. Laut Subventionsbericht des Bundeswirtschaftsministeriums (BMWi) weisen 58 Prozent davon einen positiven Bezug zu den Umwelt- und Klimaschutzzielen auf. (2) Demnach wirken rund sechs Milliarden Euro dieser staatlichen Beihilfen zumindest nicht umweltfreundlich.

Tatsächlich beträgt die Summe umweltschädlicher Subventionen eher über das Zehnfache, wie ein aktueller Bericht des Umweltbundesamtes (UBA) zeigt. (3) Denn der Subventionsbegriff, den das BMWi nutzt, ließe viele weitere Praktiken finanzieller Unterstützung außer Acht. So brächte die Ausnahme von Kerosin von der Energiesteuer dem Staat jährlich Einnahmeverluste von zwölf Milliarden Euro. Ganze 65,4 Milliarden Euro flossen laut UBA 2018 in Aktivitäten, die sich negativ auf Umweltgüter, Klima, Luft, Boden, Wasser, Artenvielfalt und Landschaft sowie auf menschliche Gesundheit und Rohstoffverbrauch auswirken. Seit 2008 erfasst Deutschland diese schädlichen Subventionen – ein erster wesentlicher Schritt zur Erfüllung des sogenannten AICHI-Ziels Nr. 3 von 2010. (4) Darin hatten sich die 196 CBD-Mitgliedstaaten bis 2020 die Abschaffung ihrer schädlichen Subventionen und den Aufbau neuer finanzieller Anreize zur Sicherung der biologischen Vielfalt vorgenommen – erfolglos. Lediglich 59 Prozent der Staaten übernahmen das Ziel überhaupt in ihre nationale Biodiversitätsstrategie. Nur 20 Prozent der Länder schafften negative Anreize ab. Während laut CBD geschätzte 80 bis 90 Milliarden US-Dollar Subventionen der Biodiversität zugutekommen, werden weltweit schädliche Praktiken mit 500 Milliarden US-Dollar gefördert. In Brasilien wurden 2015 sogar hundertmal mehr Steuergelder in die Abholzung des Regenwaldes investiert als in seine Erhaltung und Wiederherstellung.

Die wichtigsten Ursachen für den Rückgang der Artenvielfalt und Landschaftsqualität hierzulande sind laut Bundesamt für Naturschutz die intensive landwirtschaftliche Nutzung, die Zerschneidung und Zersiedelung der Landschaft, die Versiegelung von Flächen sowie großräumige Stoffeinträge. (5) Ein anderes Beispiel für kontraproduktive Subventionen ist auch die sogenannte Pendlerpauschale, die wohl auch mit der neuen Ampelkoalition bestehen bleiben wird. Eigentlich will der Staat mit jährlich rund 5,1 Milliarden Euro Arbeitnehmer(innen) finanziell entlasten, die nicht in der Nähe des Arbeitsplatzes wohnen können. Tatsächlich fördert er auf diese Weise aber, dass vermehrt Menschen in den ländlichen Raum ziehen. Das steigert das Verkehrsaufkommen, den Bau von Autobahnen, Straßen und Siedlungen. Kritiker(innen) sprechen daher von einer „Zersiedelungspauschale".

Weit entfernt vom 30-Hektar-Ziel

Eigentlich hatte man sich in der deutschen Nachhaltigkeitsstrategie das Ziel gesetzt, bis 2020 die zusätzliche Flächeninanspruchnahme auf 30 Hektar pro Tag (ha/Tag) zu reduzieren. Im Jahr 2018 lag der Wert aber noch bei 58 ha/Tag; inzwischen wurde das 30-Hektar-Ziel auf 2030 verschoben. Dabei wäre das Ziel durchaus zu erreichen gewesen, wenn die Anreize anders gesetzt worden wären, meint Stefan Siedentop, wissenschaftlicher Direktor des Instituts für Landes- und Stadtentwicklungsforschung und Professor an der TU Dortmund. Besser als die Pendlerpauschale wäre aus seiner Sicht eine einkommensabhängige Unterstützung von Pendler(innen), etwa mit Einnahmen aus der künftigen CO_2-Bepreisung, sowie der Ausbau öffentlicher Verkehrsmittel in bevölkerungsreicheren ländlichen Gebieten. Ein wesentlicher Schritt sei aber auch, die viel gepredigte Verdichtung der Innenstädte politisch umzusetzen. „In den meisten Städten gibt es eine Vielzahl an Baulücken und Brachflächen, die von den Eigentümern aber häufig nicht veräußert oder bebaut werden, meist, weil die Grundstückspreise weiter steigen. Hier müsste der Druck erhöht werden." Potenzial dazu sieht Siedentop etwa in der Einführung einer Bodenwertsteuer bei Nichtnutzung, oder von sogenannten Innenentwicklungsgebieten, in denen die Kommunen Eigentümer(innen) zum Verkauf oder zur Entwicklung ihrer Flächen verpflichten könnten.

Viel Luft nach oben

Auch in die Landwirtschaft fließt viel Fördergeld, ohne die dringend notwendige Umsteuerung hin zur nachhaltigen Bewirtschaftung voranzubringen. Der größte Teil davon kommt dabei von der EU. Das Ergebnis der erst kürzlich abgeschlossenen Neuregelung der Gemeinsamen Agrarpolitik (GAP) der EU ist ernüchternd. In den kommenden sieben Jahren werden allein an die deutschen Landwirte und Landwirtinnen Direktzahlungen (1. Säule) von jährlich 4,9 Milliarden Euro fließen – als sogenannte Basissicherung. Zwar werden jetzt bis zu 25 Prozent der Direktzahlungen an Umweltleistungen (Eco-Schemes genannt) geknüpft. Praktisch können hierfür in vielen Ländern aber auch Maßnahmen angerechnet werden, die zweifelhaften ökologischen Wert haben. Auch die sogenannte Konditionalität, die höhere Umwelt-, Klima- und Tierschutzauflagen an die Bezüge der Direktzahlungen knüpfen soll, kann jeder Mitgliedstaat selbst bestimmen. Fachleute erwarten daher nur wenige Fortschritte in Richtung Nachhaltigkeit (vgl. S. Busse ff.). „Auch, wenn sie wenig umweltschutzförderlich sind: Als »umweltschädliche Subventionen« kann man die Direktzahlungen nicht grundsätzlich bezeichnen, denn sie fördern nicht direkt umweltschädigende Maßnahmen", meint Sebastian Lakner, Professor für

Agrarökonomie an der Universität Rostock. Bis auf die sogenannten gekoppelten Zahlungen: Etwa 15 Prozent der Direktzahlungen werden innerhalb der EU-Staaten als Zahlungen im Rahmen von ressourcenintensiven Verfahren im Ackerbau und in der Tierhaltung gezahlt, die sich als nachteilig für Natur und Klima herausgestellt haben. Der Bund verteilt allerdings durchaus umweltschädliche finanzielle Anreize unter den Landwirt(inn)en, etwa mit einer Steuerentlastung von 21,48 Cent pro Liter für sogenannten Agrardiesel. 2018 kostete das den Fiskus 467 Millionen Euro. Die gleiche Summe ergab die KFZ-Steuerbefreiung für Fahrzeuge landwirtschaftlicher Betriebe. Dass in Deutschland die Tierhaltung so floriert, kommt auch nicht von ungefähr. So werden Lebensmittel tierischen Ursprungs nicht mit dem üblichen Mehrwertsteuersatz von 19 Prozent belegt, sondern lediglich mit sieben Prozent. 2013 ließ sich der Bund dies 5,2 Milliarden Euro kosten. Dabei ist die Tierproduktion für über 60 Prozent der landwirtschaftlichen Treibhausgasemissionen verantwortlich und fördert den Biodiversitätsverlust etwa durch vermehrten Maisanbau, erhöhte Nährstoffeinträge in Binnengewässer und Meere, und das vor allem auch in anderen Weltregionen, aus denen Futtermittel importiert werden. Dass der Abbau schädlicher Agrarsubventionen tatsächlich wirkt, zeigt das UBA am Beispiel Neuseelands. Dessen Regierung hatte in den 1980er-Jahren seine Agrarsubventionen radikal gekürzt, wodurch sich die negativen Umweltauswirkungen insbesondere auf die Flächennutzung und den Düngemitteleinsatz deutlich verringerten. „Das Ende für Steuervergünstigungen für

Pkw- und Agrardiesel, private Nutzung fossiler Dienstwagen und landwirtschaftliche Fahrzeuge sowie bei der Entfernungspauschale brächte der öffentlichen Hand Mehreinnahmen im zweistelligen Milliardenbereich", schreibt das UBA in seinem Bericht. „Solange die Regierungen auf der einen Seite weltweit 500 Milliarden US-Dollar in die Förderung schädlicher Aktivitäten stecken, werden die Summen zur Erhaltung der biologischen Vielfalt wenig Erfolg bringen", sagt Yves Zinngrebe, Agrarbiologe am Helmholtz-Zentrum für Umweltforschung (UFZ). Immerhin habe die CBD sich inzwischen dazu durchgerungen, in Ziel 18 des Entwurfs für den neuen globalen Zielkatalog eine konkrete Zahl zu nennen: Biodiversitätsschädliche Anreize sollen bis 2030 um mindestens 500 Milliarden US-Dollar pro Jahr reduziert werden.

„Wenn das wirklich so beschlossen werden sollte, muss dieses Ziel in ebenso konkreter Weise auf die nationalen Ebenen runtergebrochen werden", meint Zinngrebe. Der Forscher berät die Bundesregierung aktuell bei der Neugestaltung der Nationalen Biodiversitätsstrategie. In der alten Fassung von 2007 hatte man sich zwar auch schon den „weiteren Abbau kontraproduktiver Subventionen (zum Beispiel Entfernungs-

pauschale)" vorgenommen, aber keine messbaren Ziele gesetzt. Das müsse jetzt geschehen, auf allen politischen Ebenen. Klar ist: Der Abbau umweltschädlicher Subventionen dürfte wesentliche Umweltschäden verhindern und gleichzeitig enorme Summen freigeben, die eine nachhaltige Wirtschaft und effektiven Biodiversitätsschutz ermöglichten. So wäre man auch nicht auf Spenden von superreichen Unternehmern angewiesen, deren Vermögen in der Regel nicht durch nachhaltige Wirtschaftsweise zustande kommen. ____

Anmerkungen

(1) www.cbd.int/doc/c/abb5/591f/2e46096d-3f0330b08ce87a45/wg2020-03-03-en.pdf
(2) Subventionsbericht: www.bundesfinanzministerium.de/Content/DE/Downloads/Broschueren_Bestellservice/28-subventionsbericht.html
(3) www.umweltbundesamt.de/presse/pressemitteilungen/umweltschaedliche-subventionen-fast-die-haelfte
(4) https://de.wikipedia.org/wiki/Aichi-Ziele
(5) www.bmu.de/fileadmin/Daten_BMU/Download_PDF/Naturschutz/nbs_indikatorenbericht_2019_bf.pdf

Zum Autor

Sebastian Tilch ist Diplombiologe und Wissenschaftsjournalist. Er befasst sich seit vielen Jahren mit der globalen Biodiversitätspolitik. Derzeit im Rahmen der „Kommunikationsoffensive Biodiversität 2021" (www.biodiversity.de).

Kontakt

Sebastian Tilch
iDiv Medien&Kommunikation
E-Mail sebastian.tilch@mailbox.org

Finanzmarkt und sozialökologische Transformation

Greenwashing und blinde Flecke

Von Daniel Mittler

▬▬▬▬ Als die Diskussionen über die sogenannte EU-Taxonomie – einen europaweiten Standard, der Wirtschaftsaktivitäten mit einem positiven Beitrag zu Klima- und Umweltschutz definiert – begannen, hätten ihre Befürworter(innen) am allerwenigsten daran geglaubt, dass diese Anfang 2022 zu einem der großen politischen Themen werden würde. Das Instrument mit dem technischen Namen sollte endlich Klarheit in die verwirrende Welt der vielen konkurrierenden Finanzmarkt-Nachhaltigkeitslabels bringen. (1) Doch war es erstmal für die Nische gedacht: für die Geldanlagen, die als nachhaltig deklariert werden. 2022 ist alles anders. Finanzen sind politisch (wieder) brisant. Bei der Bildung der ersten Ampelregierung in Deutschland wurde vor allem um die Besetzung des Finanzministeriums gerungen. Ein Novum. Und die EU-Kommission hat durch das Versenden des Vorschlags, Atom und Gas in die Taxonomie aufzunehmen, kurz vor Mitternacht am Silvesterabend, das Gegenteil von dem erreicht, was sie wollte. Ziel war es wohl, schlechte Nachrichten im Neujahrskater untergehen zu lassen. Das ist mehr als misslungen. Stattdessen hat dieses Vorgehen selbst bei einigen, die inhaltlich nicht gegen Gas oder Atom sind, Widerstände hervorgerufen, gerade auch im Europaparlament.

Das ursprüngliche Projekt der Taxonomie – Klarheit zu schaffen und einen internationalen Goldstandard für nachhaltige Geldanlagenlabels zu schaffen, der Greenwashing verhindert – wurde von der Kommission nicht nur aufgegeben. Darüber hinaus wurde ein Richtungsstreit über die Zukunft der Energiepolitik am Beispiel der Taxonomie entfacht. Und das durchaus zu Recht, da zum Beispiel im Raum steht, dass die EU in Zukunft umfangreiche Geldanlagen zur Altersvorsorge an die Taxonomie binden könnte. Außerdem spekuliert die französische Regierung offensichtlich darauf, durch die Anerkennung der Atomkraft in der EU-Taxonomie als CO_2-freie Technik, ihre Atomkraftwerke weiter mit Steuergeldern finanzieren zu können. (2) Was insofern lustig ist, als das französische, staatliche Label für nachhaltige Geldanlagen, Atomkraft ausschließt.

Wie nachhaltig ist nachhaltig?

Anlegerinnen und Anleger, denen Nachhaltigkeit tatsächlich am Herzen liegt, werden sich, wenn die Pläne der EU Kommission durchkommen, sicher nicht nach der europäischen Definition richten, sondern lieber anderen, wenigstens etwas ambitionierteren Standards treu bleiben. Die europäische Klassifizierung hätte in Deutschland auf jeden Fall mit der Atomkraft ein unüberbrückbares Glaubwürdigkeitsproblem. Laut einer von Finanzwende Recherche beauftragten repräsentativen Umfrage finden 82 Prozent der Deutschen, dass Atomkraft keine nachhaltige Investition ist. (3)

Einiges spricht dafür, dass die Pläne der Kommission rechtlich nicht haltbar sind und – falls sie nicht doch noch im EU-Parlament oder EU-Rat der Mitgliedsstaaten abgelehnt werden – irgendwann gerichtlich wieder gestoppt werden. Auch wenn dies einige Jahre dauern wird (4), wäre das energiepolitisch ein wichtiges Signal. Das Greenwashing mit Geldanlagen würde aber auch dann fast sicher weitergehen.

Als nachhaltig deklarierte Geldanlagen boomen. Innerhalb der letzten zwei Jahre hat sich zum Beispiel das Vermögen von bestimmten Fonds, die sich als „nachhaltig" bezeichnen, fast verdoppelt. Dabei handelt es sich um sogenannte Publikumsfonds und börsengehandelte Fonds (Exchange-traded Funds, ETFs). (5) Ein näherer Blick aber zeigt: Wer denkt, dass damit auch die Nachhaltigkeit boomt, täuscht sich. Leider. In Wahrheit wird das als „nachhaltig" deklarierte Geld quasi genauso angelegt wie das nicht nachhaltige. Bei einer Untersuchung von 314 Fonds mit einem Volumen von etwa 100 Milliarden Euro kam heraus, dass weder besonders problematische Unternehmen noch schädliche Sektoren bei nachhaltigen Fonds ausgeschlossen werden. So liegen über 70 Prozent der als nachhaltig deklarierten Investitionen im Energiebereich in fossilen Energien, darunter fast 100 Millionen Euro in Kohle. Auch ein Schwerpunkt auf klar zukunftsträchtige Investments ist nicht erkennbar. (6) Eine Analyse der Nichtregierungsorganisationen

Facing Finance und Urgewald kommt zu einem ähnlichen Ergebnis: Von 657 selbst ernannten Nachhaltigkeitsfonds waren nur 104 frei von den von Facing Finance und Urgewald untersuchten Kontroversen. (7) Für private Anleger(innen) heißt das immerhin, dass es durchaus Möglichkeiten gibt, in glaubwürdige Fonds zu investieren. Politisch ist aber auch klar, dass es dringend einer klareren Definition von Nachhaltigkeit bedarf, um Greenwashing zu verhindern. Weswegen ein klarer Standard eigentlich das Ziel der EU-Taxonomie war. Umso tragischer ist es, dass dieses nun (wohl) verfehlt wird.

Stärkere Regulierung steht aus

Neben der fehlenden Klarheit gibt es noch grundlegendere Probleme, warum der Finanzmarkt kein Vehikel für eine nachhaltige Entwicklung ist, sondern sie im Gegenteil eher blockiert. Zum einen fehlt es an Regulierung des sogenannten grauen Kapitalmarkts. Damit ist der Teil des Anlagemarkts gemeint, dessen Anbieter(innen) nicht unter direkter staatlicher Aufsicht stehen. Auf dem grauen Kapitalmarkt werden zum Beispiel Direktinvestments und Unternehmensbeteiligungen angeboten. Leider halten diese oft nicht, was sie versprechen. Anleger(innen) haben schätzungsweise knapp zwei Milliarden Euro innerhalb der vergangenen zehn Jahre mit als „grün" deklarierten Investitionen dieser Art verloren. Solche Flops schaden dem Image nachhaltiger Investitionen – von denen wir aber dringend mehr benötigen. Um Schaden abzuwenden, muss auch dieser Teil des Kapitalmarkts stärker reguliert werden. Der kollektive Verbraucherschutzauftrag der

Finanzaufsicht BaFin müsste zum Beispiel gestärkt und die Kriminalitätsbekämpfung vorangetrieben werden.

In der Tat ist bei aller Aufmerksamkeit für Finanzthemen der letzten Monate, die Notwendigkeit der stärkeren Regulierung des Finanzsektors selber, nach wie vor der blinde Fleck der Debatte. Die Taxonomie-Diskussion wird oft so geführt, als gäbe es einen festen Topf an Geld, das entweder an nachhaltige Energieformen oder aber an Gas und Atomkraft fließt. Die Welt, in der wir leben, ist leider komplexer. Während die Entkoppelung des Wirtschaftswachstums vom Ressourcenverbrauch nach wie vor nicht so gelingen will, dass wir die Erderwärmung auf 1,5 Grad Celsius begrenzen, so ist der Finanzwirtschaft die Entkoppelung von der Realwirtschaft in den letzten Jahren erschreckend gut gelungen: In den letzten 20 Jahren hat sich die Größe des Finanzsektors relativ zur Wirtschaftsleistung verdoppelt. Und der Finanzsektor ist auch deshalb gar nicht so leicht als Dienstleister der sozialökologischen Transformation zu gewinnen, da er sich zunehmend mit sich selbst beschäftigt. Über 70 Prozent der Aktivitäten europäischer Banken sind zum Beispiel gar nicht auf die Kreditvergabe an Haushalte oder die Realwirtschaft ausgerichtet! In anderen Worten: Banken verbringen mehr Zeit damit, über Derivate und Hochfrequenzhandel nachzudenken, als drüber, wohin ihr Geld in der realen Welt fließt. Diese reale Welt betrachtet der Finanzsektor darüber hinaus nicht als unsere eine Erde mit planetarischen Grenzen, sondern zunehmend als Ort, aus dem Werte extrahiert werden. Der Private-Equity-Sektor ist ein eindrucksvolles Beispiel dafür. Das Geschäftsmodell von Private-Equity-Unternehmen besteht darin, Unternehmen zu kaufen, sie umzustrukturieren und später mit Gewinn zu veräußern. Diese Finanztricks haben zum Beispiel im Pflegesektor drastische Folgen. Während die Pflegeunternehmen oft mit Schulden belastet werden, leiden die Qualität der Pflege und die Arbeitsbedingungen der Pflegenden.

Gleichzeitig fehlt dem Staat Geld für eigene Zukunftsinvestitionen durch illegitime und illegale Finanzgeschäfte. Einer der bekanntesten Fälle sind die als „CumCum" oder „CumEx" bezeichneten illegalen Geschäfte. (8) Durch diesen unerlaubten Griff in die Staatskasse haben Banken nicht nur ihren reichen Klienten satte Gewinne auf Kosten der Steuerzahler(innen) verschafft. Allein dem deutschen Staat fehlen durch diese Geschäfte mindestens 38 Milliarden Euro für eigenen Investitionen.

Die Umlenkung der Finanzströme reicht nicht

Die Notwendigkeit, den Finanzsektor zu schrumpfen und zu regulieren, muss deswegen dringend Teil der zunehmenden öffentlichen Diskussion über Finanzthemen werden. Vorschläge zur Schrumpfung und Neuausrichtung des Finanzsektors gibt es zu Genüge: seien es strengere Kapitalanforderungen an Banken, ein Austrocknen von sogenannten Steuerparadiesen oder ein Vertriebsverbot komplexer Produkte für Kleinanleger(innen). Nichts anderes als ein Ausstieg aus vielen Finanzaktivitäten ist notwendig, um den Finanzsektor auf eine sinnvolle Größe zu schrumpfen und zum Dienstleister einer sozialökologischen Transformation zu machen. (9) Leider findet sich zu dieser elementaren Aufgabe der Schrumpfung des Finanzsektors nichts in den Plänen der Ampelregierung. Und auch die Umweltbewegung argumentiert oft so, als ginge es nur darum, Geld von fossilen auf erneuerbare Energien umzulenken. Das wird aber für eine sozialökologische Transformation nicht reichen. Sie kann ohne eine Finanzwende nicht gelingen. _____

Anmerkungen

(1) Mittler, Daniel (2019): Der Widerspenstigen Zähmung steht noch aus. Die Neuordnung des Finanzsystems, In: *politische ökologie* Bd. 159, München, S. 75-81.

(2) https://taz.de/Streit-um-EU-Taxonomie/ !5827962/

(3) www.finanzwende-recherche.de/unsere-themen/nachhaltige-finanzmaerkte/mehrheit-haelt-geldanlagen-in-atomkraft-fuer-nicht-nachhaltig/

(4) www.tagesspiegel.de/politik/guetesiegel-fuer-atomkraft-und-gas-rechtsexperte-erwartet-eugh-aus-fuer-die-taxonomie/28000234.html

(5) Publikumsfonds sind Fonds, bei denen der Fondsanbieter aktiv Vermögenswerte an- und zukauft. ETFs (Exchange-Traded-Funds) sind Fonds, die meist passiv in alle Unternehmen eines Indizes oder Anlagenkorbes investieren und direkt an der Börse erhältlich sind.

(6) www.finanzwende-recherche.de/unsere-themen/nachhaltige-finanzmaerkte/greenwashing-im-grossen-stil/

(7) www.facing-finance.org/de/2021/12/verbraucher-portal-faire-fonds-deckt-greenwashing-auf-und-bewertet-nachhaltigkeit-von-investmentfonds/

(8) www.finanzwende.de/themen/cumex/

(9) www.finanzwende-recherche.de/unsere-themen/der-finanzsektor-ist-zu-gross/

Zum Autor

Daniel Mittler ist seit April 2021 Geschäftsführer der Finanzwende Recherche gGmbH und der Bürgerbewegung Finanzwende, e. V. Zuvor war er elf Jahre lang Politischer Direktor von Greenpeace International. Er ist im Nord-Süd-Beirat der Heinrich-Böll-Stiftung.

Kontakt

Daniel Mittler
daniel.mittler@finanzwende-recherche.de

Sozial gerechte Energie- und Klimapolitik

Saubere Wärme für alle ist machbar

Von Reinhard Klopfleisch

Auf dem Römerhügel in Ludwigsburg bedecken mehr als 1.000 Solarkollektoren knapp 15.000 Quadratmeter Rasen und speisen die Solarwärme in die Fernwärmeleitungen der Stadt. Die Kollektoren heizen ein Wasser-Glykol-Gemisch auf bis zu 90 Grad Celsius. Das über einen Wärmetauscher gewonnene Heizwasser wird entweder in einem Wärmespeicher gebunkert oder direkt in die Haushalte geliefert. „Jeder, der sich die Hände wäscht oder duscht, nutzt das Wasser, das von der Sonne erhitzt wurde", bilanziert Stadtwerkechef Johannes Rager. Das spart pro Jahr rund 3.700 Tonnen CO_2.

In der schwäbischen Residenzstadt formen die Stadtwerke ihre Wärmeerzeugung Schritt für Schritt klimaneutral um. Zusammen mit einem Biomasseheizkraftwerk und 20 Blockheizkraftwerken beträgt die jährliche CO_2-Ersparnis sogar rund 47.000 Tonnen. Der Fernwärmepreis blieb stabil – allerdings nur, weil knapp zehn Millionen des insgesamt 15 Millionen Euro teuren Solarprojekts vom Bund zugeschossen wurden. Ein Beitrag, damit der Anteil der klimaneutralen Energien an der Wärmeerzeugung in Deutschland bis 2030 auf die Hälfte anwachsen kann – wie es die Bundesregierung plant.

Im Vergleich zum Strom hinkt die Wärme freilich bislang beim Klimaschutz hinterher.

Noch liefern Erdgasheizungen rund 50 Prozent der Wärme und des Warmwassers in deutschen Stuben, Ämtern und Fabriken, dazu kommen die besonders klimaschädlichen Ölheizungen mit mehr als 20 Prozent. Die Folge: Das frühere Klimaziel der Bundesregierung, den CO_2-Ausstoß des Jahres 1990 bis 2020 um 40 Prozent zu senken, wurde für die Raumwärme nicht erreicht. Vor allem Ölheizungen, die in Teilen Bayerns noch mehr als ein Drittel der Wärme liefern, verhageln die Klimabilanz. Doch auch die Fernwärmeversorgung basiert noch zu mehr als der Hälfte auf Gaskraftwerken – allerdings in hocheffizienter Kraft-Wärme-Kopplung (KWK).

Klar ist, was nicht mehr geht

Ölheizungen müssen zügig verboten und Gasheizungen Schritt für Schritt zurückgefahren werden. Doch wie erreichen wir, dass es uns trotzdem nicht friert? Es gibt keinen Königsweg. Für Solarwärme finden sich allenfalls auf dem Land und in kleineren Städten ausreichend Flächen. Bislang kommt die Erneuerbare-Energien-Wärme überwiegend aus Biomasse – Biogas-KWK oder Holzhackschnitzel-Heizwerken. Doch auch Biomasse ist nur begrenzt verfügbar. Zudem schadet die Verbrennung von Holz dem Klimaschutz eher, als sie nützt. Infrage kommt in erster Linie die Wärme, die in örtlichen Gewässern, im Erdboden oder auch im Ablauf von Kläranlagen enthalten ist. Elektrisch betriebene Wärmepumpen heben sie auf das nötige Temperaturniveau. Mit einer Kilowattstunde Strom erzeugen sie bis zu vier Kilowattstunden Wärme. Zunehmend auf erneuerbaren Energien umgestellt, kann so der Strom- dem Wärmesektor klimapolitisch unter die Arme greifen. Eine weitere Quelle: die Abwärme von Industrie und Gewerbe.

Entscheidend ist, dass alle in einer Kommune vorhandenen Wärmequellen systematisch erfasst und an lokale Netze angeschlossen werden. Doch kommunale Wärmeplanung wurde in Deutschland zum alten Eisen gelegt – der Markt sollte es richten. In Dänemark dagegen ist jede Kommune dazu gesetzlich verpflichtet. Dort sind schon fast alle Ortschaften an ein örtliches, zunehmend klimaneutrales Wärmenetz angeschlossen. 2013 wurden Öl- und Gasheizungen im Neubau verboten. Seit 2016 gilt ein Verbot des Austauschs alter Heizkessel gegen neue fossile Heizungen auch im Bestand. Die Wärmenetze sind überwiegend in der Hand von kommunalen Genossenschaften.

Erst seit Kurzem wird auch in einigen Bundesländern kommunale Wärmeplanung vorgeschrieben – so in Baden-Württemberg. Das Prinzip: „Jede Kommune entwickelt im kommunalen Wärmeplan ihren Weg zu einer klimaneutralen Wärmeversorgung, der die jeweilige Situation vor Ort bestmöglich berücksichtigt. Er dient als strategische Grundlage, um konkrete Entwicklungswege zu finden und die Kommune in puncto Wärmeversorgung zukunftsfähig zu machen." (1) Dringend notwendig sei es, kommunale Wärmeplanung bundesweit vorzuschreiben, findet Oliver Krischer, der neue parlamentarische Staatssekretär im Klimaschutzministerium. (2) Gute Aussichten, dass das Prinzip im Klimaschutz-Sofortprogramm der Bundesregierung bundesweit festgeschrieben wird.

Energetische Gebäudesanierung – sozialverträglich und erfolgreich

„Von der Kohlestadt zur Klimastadt" – so lautet die Devise des Projektes InnovationCity Ruhr/Modellstadt Bottrop. „Zwischen 2009 und 2020 haben wir exakt 3.657 Wohngebäude modernisiert – das sind 36 Prozent des gesamten Bestandes," freut sich Burkhard Drescher, der Geschäftsführer. Dort liege die jährliche energetische Sanierungsrate bei 3,3 Prozent, dreimal so hoch wie im Durchschnitt der Republik.

„Efficiency first" – Voraussetzung dafür, dass die Begrünung der Wärmeerzeugung bis 2045 vollständig gelingt, ist, dass die Sanierungsrate zumindest verdoppelt wird. Dann könnten bis dahin alle Gebäude auf den Standard von Niedrigenergiehäusern nachgerüstet sein und der Heizenergiebedarf würde annähernd halbiert. Der dann noch erforderliche Restwärmebedarf könnte gänzlich klimaneutral geliefert werden. Energetische Sanierung ist teuer und besonders Geringverdiener(innen) sind – trotz mitunter üppiger Fördermöglichkeiten – überfordert. Wie nimmt man Ärmeren die Angst, den ökologischen Umbau ihrer Häuser anzugehen, senkt die Hemmschwelle für Investitionen? Viel gelingt durch intensive, individuelle Beratung. „Wir haben alle ermutigt, je nach Geldbeutel ihr Haus oder ihre Wohnung Schritt für Schritt ökologisch umzubauen," berichtet Bottrops Oberbürgermeister Bernd Tischler. So wurden in Mietblocks mit 90 Prozent Rentner(inne)n und Sozialhilfeempfänger(inne)n vorrangig alte Ölfeuerungen ausgetauscht – dazu kamen Fenstertausch und Fassadendämmung. Das gab es ohne Erhöhung der Warmmiete. Für die Zukunft fordern die Klimaexpert(inn)en des Thinktanks Agora Energiewende, dass das gängige Mietrecht auf Warmmiete umgestellt wird. Dann haben Vermieter(innen) einen zusätzlichen Anreiz, durch Investitionen in die energetische Sanierung langfristig den Wert ihrer Immobilie zu steigern.

Manfred Fischedick vom Wuppertal Institut für Klima, Umwelt, Energie, zieht für Bottrop eine positive Bilanz: „Die Emissionen im Pilotgebiet sind im Zeitraum 2009 bis 2020 um 47 bis 49 Prozent gesunken, gemessen am Bundesdurchschnitt ein außerordentlicher Erfolg." (3) Bis heute wurden in Bottrop 730 Millionen Euro investiert, davon waren 222 Millionen Euro Fördergelder von Stadt, Land und Bund.

Derzeit wird die Gebäudesanierung vom Bund üppig gefördert, mit mehr als vier Milliarden Euro jährlich. Expert(inn)en schätzen aber, dass der Betrag mindestens verdoppelt und die Förderung mit der kommunalen Wärmeplanung abgestimmt werden muss.

Denn nicht nur in Bottrop gilt: Werden ganze Quartiere oder Stadtteile in Angriff genommen, ist flächendeckender Klimaschutz weitaus besser möglich, als wenn jedes Gebäude einzeln energetisch saniert wird. Der nächste Schritt zur vollständigen Wärme-Begrünung im Ruhrgebiet ist vorgezeichnet: Dort gibt es besonders viel industrielle Abwärme, zudem ein ausgebautes Fernwärmesystem, das allerdings noch überwiegend mit Kohle und Gas gefüttert wird. Was liegt näher, als die großen Potenziale industrieller Abwärme einzubeziehen!

Erneuerbarer Strom – Basis für Wärmepumpen und grünen Wasserstoff

Ende November 2019 ging an der Kieler Förde das Küstenkraftwerk in Betrieb. Hier erzeugen die Stadtwerke Strom und Wärme in KWK gemeinsam und damit hocheffizient. Allerdings kommt noch Erdgas zum Einsatz. Doch auch damit verringert sich der CO_2-Ausstoß im Vergleich zum stillgelegten Kohlekraftwerk bereits um 70 Prozent. Der Clou: Statt des abgeschalteten Kraftwerksmonolithen stehen jetzt 20 Gasmotoren – jeder zehn Megawatt elektrische Leistung – in Reihe, und jeder einzelne ist flexibel und in Minutenschnelle zu- und abschaltbar. Je nach dem aktuellen Strombedarf springen nur so viele Aggregate an, wie gerade benötigt werden. Ein 60 Meter hoher Wärmespeicher sorgt dafür, dass ausreichend Fernwärme vorrätig ist, wenn die Gasmotoren bei steifer Brise an der Küste zur Stromerzeugung nicht benötigt werden. Jetzt planen die Stadtwerke, die Gasmotoren nachzurüsten, damit sie auch mit grünem Wasserstoff betrieben werden können. Der soll aus temporär überschüssiger Windenergie mittels Elektrolyse gewonnen werden. Damit nicht genug: Am Hafenbecken wollen sie eine Großwärmepumpe installieren, die Wärme aus dem Meerwasser auf Temperaturen von rund 100 Grad Celsius aufheizt. Das heiße Wasser würde dann in das Fernwärmenetz eingespeist. Doch eine derartige Anlage ist heute noch teuer. Technikchef Jörg Teupen setzt Hoffnung auf die von der neuen Bundesregierung geplante Bundesförderung für effiziente Wärmenetze (BEW). „Je nachdem, wie die finanziellen Parameter des Förderregimes sind, wäre sie realisierbar." (4) Und eine Inbetriebnahme bis 2026 möglich. Fachleute halten eine Gesamtförderhöhe von jährlich bis zu 1,8 Milliarden Euro für erforderlich, damit bis 2045 alle bundesdeutschen Fernwärmekund(inn)en klimaneutrale Wärme genießen können.

Nicht nur in Kiel setzen die Versorger auf grünen Strom, um die Wärme klimaneutral zu bekommen. Voraussetzung: Die Stromerzeugung aus Wind- und Solaranlagen muss bis 2030 bundesweit mindestens verdreifacht werden, damit ausreichend sauberer Strom für Wärmepumpen und grünen Wasserstoff verfügbar wird. Daran gemessen, ist ein drastisches Ausbauprogramm erforderlich. Bundesklimaminister Robert Habeck hat es angekündigt. ▬▬

Anmerkungen

(1) Ministerium für Umwelt, Klima und Energiewirtschaft Baden-Württemberg (2020): Handlungsleitfaden kommunale Wärmeplanung, Stuttgart, S. 6.

(2) „Wir brauchen dringend eine Wärmeplanung in den Kommunen", Interview mit Oliver Krischer in: *Zeitung für kommunale Wirtschaft*, Dezember 2021, S. 2.

(3) https://i-r.de/pressemitteilungen/detail/ziel-erreicht-innovationcity-ruhr-halbiert-co2-ausstoss, vom 15.6.2021.

(4) „Wird die Großwärmepumpe das neue Projekt der Kieler?" In: *Zeitung für kommunale Wirtschaft*, Juli 2021, S. 18.

Zum Autor

Reinhard Klopfleisch, Physiker und Sozialwissenschaftler, war bis 2019 für die Energiepolitik der Gewerkschaft ver.di verantwortlich. Er war Mitglied der Enquetekommissionen des Bundestages und des Berliner Abgeordnetenhauses zur Klimapolitik.

Kontakt

Reinhard Klopfleisch
E-Mail reinhard.klopfleisch@gmx.de

Umweltgift Fluorchemikalien

Überall, dauerhaft und gefährlich

Von Klaus Günter Steinhäuser, Ingo Valentin und Manuel Fernández

▬▬▬▬▬ Vor zehn Jahren beschrieb Ingo Valentin in der *politischen ökologie* (1), wie die Chemikalien Perfluoroctansulfonsäure (PFOS) und Perfluoroctansäure (PFOA) aufgrund ihrer vielfachen Verwendungen in der Umwelt und schließlich im menschlichen Körper landen. Beide Stoffe sind persistent in der Umwelt – das heißt, sie verbleiben dauerhaft darin – und für den Menschen giftig. Insbesondere die Verwendung von PFOS in Feuerlöschschäumen verursachte schwerwiegende Kontaminationen von Boden und Grundwasser. Die Sanierungen erwiesen sich als äußerst schwierig, ineffektiv und kostspielig. Wo stehen wir heute? Wurde das Problem inzwischen gelöst oder sehen wir erst jetzt sein wahres Ausmaß?

Die beiden Chemikalien PFOS und PFOA sind inzwischen durch das Stockholm-Übereinkommen und in der EU grundsätzlich verboten. Zwar gibt es zahlreiche Ausnahmen und großzügige Übergangsfristen, aber der dauerhafte Einsatz ist gestoppt und das zeigt Wirkung: Die Konzentrationen in der Umwelt gehen langsam zurück. Allerdings wurden beide Stoffe durch ähnliche per- und polyfluorierte Alkylsubstanzen (PFAS) ersetzt. Dieses Kürzel steht für die gesamte Stoffgruppe der Fluorchemikalien, die mindestens 4.700 Einzelstoffe umfasst. Viele dieser Ersatzstoffe sind kaum untersucht und erweisen sich oft als ebenso problematisch wie ihre verbotenen Vorgänger. PFAS bestechen durch ihre technischen Eigenschaften, weshalb sie in vielen Bereichen Verwendung finden. Sie sind stabil gegenüber hohen Temperaturen und Chemikalien. Behandelte Produkte lassen Wasser abperlen und sind gleichzeitig auch öl- und schmutzabweisend. Diese Eigenschaften werden in Feuerlöschschäumen, Textilien (z. B. Teppichen, Outdoor-Kleidung), Kochgeschirr, Skiwachsen, Kosmetika, Papiererzeugnissen und Verpackungen genutzt. Essensverpackungen, selbst solche aus Pflanzenfasern, können mit diesen Stoffen belastet sein, wie eine Untersuchung des BUND mit anderen europäischen Umweltverbänden 2021 zeigte. (2)

Die enorme Stabilität und hohe Mobilität macht die PFAS zu einem weltweiten Umweltproblem. Sie bauen sich unter natürlichen Bedingungen kaum ab, überdauern Jahre bis Jahrzehnte und werden deshalb als „Forever Chemicals" bezeichnet. Umweltoffene Anwendungen von PFAS widersprechen deshalb massiv dem Vorsorgeprinzip, selbst wenn sie nach dem aktuellen Stand des Wissens keine toxischen Eigenschaften aufweisen.

Das ist aber bei vielen bekannten PFAS nicht der Fall: Sie schädigen schon bei sehr niedrigen Konzentrationen unter anderem das Immunsystem sowie die Funktion der Schilddrüse und verursachen Nieren- und Hodenkrebs. Ein Teil der PFAS reichert sich im Blutplasma an. Diese Stoffe werden nur sehr langsam wieder ausgeschieden. Eine Folge ist auch die Belastung von Muttermilch. Dadurch kann insbesondere die Immunkompetenz von Babys beeinträchtigt werden. PFAS können sich in Organismen anreichern (Bioakkumulation) und sind im Wasserkreislauf mobil, sodass sie in Flüssen und dem Grundwasser über weite Strecken transportiert werden. Auch über die Luft findet Ausbreitung statt.

Vielfältige Eintragspfade

PFAS gelangen in die Umwelt über das Abwasser, durch Abrieb und Entsorgung PFAS-haltiger Produkte, umweltoffene Anwendungen wie Imprägniersprays oder durch Verdampfung. So wird die Innenraumluft durch die Imprägnierung von Einrichtungsgegenständen deutlich belastet. PFAS sind heute überall nachweisbar, sogar in emissionsfernen Gebieten. Daten der Umweltprobenbank des Bundes zeigen

eine deutliche Anreicherung in Fischen. Auch Menschen ernähren sich von Fischen. Sie sind neben Trinkwasser und Innenraumluft Hauptaufnahmequellen für PFAS. Trifluoressigsäure (TFA) ist die kleinste Perfluorcarbonsäure unter den PFAS. Sie ist zwar nach heutiger Kenntnis relativ ungiftig, aber praktisch nicht abbaubar und – einmal in die Umwelt entlassen – nicht mehr rückholbar. Lokale Belastungen ergeben sich aus der unmittelbaren Produktion und Verwendung dieser Chemikalie. Die Hauptmenge des überall verbreiteten Stoffes entsteht jedoch durch den Abbau von Chemikalien, die eine Trifluormethyl (CF_3)-Gruppe enthalten, darunter einige Pestizide und Arzneimittel. Die Hauptquelle ist jedoch das Kühlmittel 2,3,3,3-Tetrafluorpropen (R1234yf), das häufig in Autoklimaanlagen verwendet wird. Die jährliche TFA-Fracht über Niederschläge in Deutschland beträgt derzeit circa 400 Gramm je Quadratkilometer und wird sich nach Berechnungen des Umweltbundesamtes bis 2050 vermutlich verzehnfachen. Auch Daten der Umweltprobenbank zeigen in Pflanzenproben eine steigende Tendenz. Es besteht daher ein dringender Regulierungsbedarf.

In den vergangenen zehn Jahren wurde eine Vielzahl großflächiger Boden- und Grundwasserkontaminationen infolge von Löschübungen und -einsätzen mit PFAS-haltigen Feuerlöschmitteln entdeckt – ein Ende ist nicht in Sicht. Insbesondere militärische und zivile Flugplätze sind betroffen, aber auch Löscheinsätze auf Industrieanlagen führten zu großflächigen Belastungen. Häufig ist dabei auch die Trinkwassergewinnung gefährdet. Die umfangreichsten PFAS-Altlasten in Deutschland gibt es bei Rastatt (Baden) – dort wurden PFAS-haltige Papierschlämme als Dünger ausgebracht – und Gendorf (Landkreis Altötting) im Umkreis eines früheren Herstellers dieser Stoffe. In der Umgebung von Produktionsstätten in Dordrecht (Niederlande) und Venetien (Italien) wurden ebenfalls kilometerweite Verunreinigungsfahnen im Grundwasser festgestellt. Die Sanierung von PFAS-Altlasten ist extrem schwierig und häufig wenig effektiv; denn PFAS lassen sich aus Wasser und Boden nur schwer wieder entfernen. So beschränken sich Maßnahmen auch aus Kostengründen meist darauf, eine weitere Ausbreitung zu verhindern und Trinkwasserbrunnen zu schützen.

In der Stockholm-Konvention sind PFOS und PFOA mit ihren Vorläufersubstanzen als langlebige organische Schadstoffe (persistent organic pollutants, POPs) gelistet und in Herstellung und Gebrauch bis auf befristete Ausnahmen verboten. Die Aufnahme von Perfluorhexansulfonsäure (PFHxS) steht bevor. Die Stockholm-Konvention fordert auch, dass kontaminierte Abfälle oberhalb eines Grenzwertes zerstört werden müssen. Für PFOA wird derzeit ein Grenzwert von einem Milligramm je Kilogramm diskutiert. Doch welche Verfahren eignen sich zur Vernichtung von PFAS? Auf europäischer Ebene sind einige weitere PFAS beschränkt; eine umfassende Regulierung der PFAS im Rahmen der EU-Chemikalienverordnung REACH (Registration, Evaluation, Authorisation and Restriction of Chemicals) wird derzeit vorbereitet. Für Lebensmittel hat die europäische Lebensmittelbehörde EFSA insgesamt eine summierte maximale wöchentliche Aufnahmemenge (TWI) von PFOS, PFOA und zwei weiteren Fluorchemikalien in Höhe von 4,4 Nanogramm je Kilogramm Körpergewicht festgelegt. Noch 2008 waren die separaten Richtwerte für PFOS und PFOA teilweise mehr als 1.000-fach höher. Die Entwicklung zeigt, dass die übliche Vorgehensweise, Unsicherheiten bei unvollständiger Datenlage durch Sicherheitsfaktoren zu minimieren, in diesem Fall nicht funktionierte.

Die EFSA-Festlegung hat massive Auswirkungen auf andere Grenzwerte für PFAS, die diese Entwicklung noch nicht berücksichtigen, etwa für Trink-, Grund- und Oberflächenwasser, Böden und Klärschlamm. Auch Grenzwerte für Lebensmittelverpackungen müssen sich an diesem Wert orientieren. Insgesamt stellen sich die Werte uneinheitlich dar. Mal beziehen sie sich auf bestimmte Einzelsubstanzen (insbesondere PFOA und PFOS), mal ist es ein Summenwert von bis zu 20 Einzelsubstanzen, der zu überwachen ist. Eine einheitliche Bewertungsgrundlage ist nicht zu erkennen. Was es dringend braucht, sind Summenwerte für die verbreitet verwendeten PFAS, einschließlich der immer häufiger als PFOA-Ersatzstoffe verwendeten Perfluoroxosäuren.

Forderungen und Empfehlungen

In den vergangenen zehn Jahren ist die tatsächliche Dimension der Problematik deutlich geworden. Ohne einschneidende Maßnahmen für die gesamte Stoffgruppe der PFAS wird die Kontamination von Mensch und Umwelt unbeherrschbar. Ausführliche Informationen finden sich in einem aktuellen BUND-Hintergrundpapier. (3) Die wichtigsten Forderungen daraus sind:

□ Ein umfassender Ausstieg aus Produktion und Verwendung von PFAS bis 2030. Besonders dringlich ist ein Ausstieg bei Verbraucherprodukten. Ausnahmen sollen befristet nur für unverzichtbare Anwendungen wie medizinische Schutzkleidung möglich sein.

□ Keine weitere Verwendung von R1234yf als Kühlmittel und Überprüfung der Zulassung von Pestiziden und Arzneimitteln, die Vorläufersubstanzen von TFA sind.

□ Weiterentwicklung der Analytik, um auch neue Ersatzstoffe erfassen zu können und ein effektives Monitoring zu ermöglichen.

□ Schaffung eines Fonds von mindestens 150 Millionen Euro zur Entwicklung und Anwendung von Verfahren zur Erfassung, Gefährdungsabschätzung und Sanierung von PFAS-Altlasten.

□ Erforschung geeigneter Verfahren zur Zerstörung von PFAS-in Abfällen, zum Beispiel Untersuchungen im Abgasstrom von Verbrennungsanlagen.

□ Einrichtung eines Verbundvorhabens des Bundesforschungsministeriums von mindestens 100 Millionen Euro zur Erforschung der Toxikologie kurzkettiger PFAS, PFAS-freier Produkte und Anwendungen, Aufbereitung von belastetem Trinkwasser.

□ Verstärkte Aufklärung von gewerblichen PFAS-Anwendern, Feuerwehren und Verbrauchern. ____▬

Anmerkungen

(1) Valentin, I. (2012): Fluortenside in der Umwelt. Eine Spurensuche. In: *politische ökologie Bd.* 131, München, S. 118-121.

(2) www.bund.net/service/publikationen/detail/publication/pfas-verpackungscheck/

(3) www.bund.net/service/publikationen/detail/publication/fluorchemikalien-langlebig-gefaehrlich-vermeidbar/

Zu den Autoren

a) Manuel Fernández ist Referent in der Bundesgeschäftsstelle des BUND.

b) Klaus Günter Steinhäuser ist stellvertretender Sprecher des Arbeitskreises Umweltchemikalien/ Toxikologie des BUND.

c) Ingo Valentin ist Sprecher des Arbeitskreises Bodenschutz/Altlasten des BUND.

Kontakt

Manuel Fernandez, Klaus Günter Steinhäuser, Ingo Valentin
Bund für Umwelt und Naturschutz Deutschland e. V. (BUND)
E-Mails manuel.fernandez@bund.net, klaus.guenter.steinhaeuser@bund.net, ingo.valentin@bund.net

Haben Sie eine der letzten Ausgaben verpasst? Bestellen Sie einfach nach!

pö 157/158 Morgenland
Denkpfade in eine lebenswerte
Zukunft. 19,95 €

pö 162 Bioökonomie
Weltformel oder
Brandbeschleuniger? 17,95 €

pö 166 Resiliente Zukünfte
Mut zum Wandel. 17,95 €

Das Gesamtverzeichnis finden Sie unter **www.politische-oekologie.de,** E-Mail neugier@oekom.de

Impressum

politische ökologie, Band 168
Wandlungsfähig
Das Potenzial transformativer Umweltpolitik
April 2022
ISSN (Print) 0933-5722, ISSN (Online) 2625-543X,
ISBN (Print) 978-3-96238-371-8, ePDF-ISBN 978-3-96238-927-7
Verlag: oekom – Gesellschaft für ökologische Kommunikation mit
beschränkter Haftung, Waltherstraße 29, D-80337 München
Fon ++49/(0)89/54 41 84-0, Fax -49
E-Mail oxenfarth@oekom.de
Herausgeber: oekom e. V. – Verein für ökologische Kommunikation,
www.oekom-verein.de
Chefredakteur: Jacob Radloff (verantwortlich)
Stellvertr. Chefredakteurin und CvD: Anke Oxenfarth (ao)
Redaktion: Marion Busch (mb), Antonio Mastroianni (am)
Schlusskorrektur: Silvia Stammen
Gestaltung: Lone Birger Nielsen
E-Mail nielsen.blueout@gmail.com
Anzeigenleitung/Marketing: Karline Folkendt,
oekom GmbH (verantwortlich),
Fon ++49/(0)89/54 41 84-217
E-Mail anzeigen@oekom.de
Bestellung, Aboverwaltung und Vertrieb:
Verlegerdienst München GmbH, Aboservice oekom verlag,
Gutenbergstr. 1, D–82205 Gilching
Fon ++49/(0)8105/388-563, Fax -333
E-Mail oekom-abo@verlegerdienst.de
Vertrieb Bahnhofsbuchhandel: DMV Der Medienvertrieb
GmbH & Co. KG, Meßberg 1, 20086 Hamburg

Druck: Westermann Druck Zwickau GmbH,
Crimmitschauer Str. 43, 08058 Zwickau.
Zertifiziert mit dem Blauen Engel RAL-UZ 14.
Gedruckt auf FSC®-zertifiziertem Papier.
Bezugsbedingungen: Jahresabonnement Print:
für Institutionen 128,50 €, für Privatpersonen 70,00 €,
für Studierende ermäßigt (gegen Nachweis) 58,00 €.
Print + Digitalabo Institution: 225,40 €, privat: 109,50 €,
ermäßigt (gegen Nachweis): 90,50 €. Alle Preise zzgl. Versandkosten.
Das Abonnement verlängert sich automatisch, wenn es nicht sechs
Wochen vor Ablauf schriftlich gekündigt wird.
Einzelheft: 18,95 € zzgl. Versandkosten. E-Book-Preis: 14,99 €.
Konto: Postbank München,
IBAN DE59 7001 0080 0358 7448 03, BIC PBNKDEFF.
Nachdruckgenehmigung wird nach Rücksprache mit dem Verlag in der
Regel gern erteilt. Voraussetzung hierfür ist die exakte Quellenangabe
und die Zusendung von zwei Belegexemplaren. Artikel, die mit dem
Namen des Verfassers/der Verfasserin gekennzeichnet sind, stellen nicht
unbedingt die Meinung der Redaktion dar. Für unverlangt eingesandte
Manuskripte sind wir dankbar, übernehmen jedoch keine Gewähr.
Bildnachweise: Adobe Stock: Titel: Vera Kuttelvaserova,
S. 23 Black Jack, S. 45 Destina, S. 58 Georg Schweisfurth, S. Martin, S. 77
Thomas Jansa, Vlad, S. 133 Countrypixel; iStock: S. 12-16 AlexeyBlogoodf

Die Deutsche Nationalbibliothek – CIP-Einheitsaufnahme. Ein Titeleinsatz
für diese Publikation ist bei der Deutschen Nationalbibliothek erhältlich.

Vorschau

Moorschutz

politische ökologie (Band 169) – Juli 2022

Seit dem 17. Jahrhundert wurde der Großteil der Moore entwässert, abgebaut oder land- und forstwirtschaftlich genutzt und damit zerstört. Angesichts der rasant fortschreitenden Klima- und Artenkrise ist das besonders unklug, denn Moore speichern weltweit etwa doppelt so viel CO_2 wie alle Wälder dieser Erde zusammen. Sie dienen auch dem Hoch- und Grundwasserschutz und sind Heimat vieler seltener Pflanzen und Tiere.

Den Verantwortlichen in Berlin und Brüssel ist mittlerweile bewusst, dass sie natürliche Kohlenstoffspeicher wie Moore verlässlich schützen und renaturieren müssen. Zumal die Wiedervernässung von Moorböden einen wirksamen und kostengünstigen Beitrag zum Schutz des Klimas und Erhalt der Artenvielfalt leisten kann. Die *politische ökologie* verschafft einen Überblick über den bislang praktizierten Moorschutz, benennt seine Schwachpunkte und plädiert für standortgerechte Paludikulturen.

Die ***politische ökologie*** (Band 169) erscheint im Juli 2022 und kostet 18,95 €
Print-ISBN 978-3-96238-392-3, ePDF-ISBN 978-3-96238-953-6